［正誤表］

以下の誤りがありましたので、ここに訂正しお詫びいたします。

●228頁2～3行目

誤：この間に**三〇年**という長い歳月が流れている。この**三〇年**のあいだに、彼女はつまみ絵と水墨画を修業した。

正：この間に**二五年**という長い歳月が流れている。この**二五年**のあいだに、彼女はつまみ絵と水墨画を修業した。

美の匠たち

女性伝統工芸士の世界

佐藤徹郎❖著

日本伝統工芸士会会長
梅村晴峰❖序文

工作舎

序文

日本伝統工芸士会会長　梅村晴峰

「美の匠たち」――この本のタイトルを知ったとき、大きな衝撃を受けました。これまで数世紀にわたって手技の伝承をこころがけ、数々の名品を生みだしてきた工芸士の心に「美の追究」という深遠な志があったことをあらためて確認することができたからです。工芸士は、日常の創作活動のなかで美の追究という言葉を使ったこともなかったし、またことさら意識もしてきませんでした。しかし、考えるまでもなく、創作は表現活動そのものです。伝統工芸のあらゆる分野で、匠たちは作品をとおして自己表現を試み、新しい価値の創造に挑戦しています。こうした表現活動を一つの言葉でくくるとしたら、それは「美の追究」にほかならないでしょう。本書のタイトルに出合って、私はあらためて、このことを思い知らされたような気がしました。

伝統工芸品は、幾多の名工が長い年月育んできた手技を、後の名工が受け継いで現代に生かしているものです。織物も、染色品も、焼物も、漆器も、各種の木工・石工・金工品もみなそうです。また文房四宝といわれる筆、墨、硯、和紙も、産地ごとの創意工夫をかさねながら先人たちの技を今日に伝えています。

手技を伝承して工芸品を創作する匠たちのなかに、国が伝統工芸士として認定した者が二〇〇一年五月現在において四五三一人います。一九四品目ある伝統的工芸品（国指定）は、この伝統工芸士の手で生みだされているのです。私は一九七二年に赤津焼の伝統工芸士に認定され、現在は日本伝統工芸士会会長を務めています。この会は、四五三一人の匠が大同団結した唯一の会で、伝統工芸の未来を築くために互いの意志を高めあっています。

私はいま、あえて「大同団結」という時代がかった言い方をしました。もとより匠は一人ひとりが独立した創造者であり、いくら大同団結したからといって、作品が同じ方向を向くことはけっしてありません。四五三一人の匠がいれば、生まれる作品も四五三一通り、生き方もまたそれぞれです。それが職人の世界の健康な姿でしょう。この意味で、団結という言葉は職人の世界に似合いません。でも、私たちは、似合わないことをやりました。団結して会を結成したのです。

なぜか。伝統工芸士の意識の底に、未来に対する危機感があったからです。会の結成は、直接的には伝統的工芸品産業振興法と伝統的工芸品産業振興協会の指導・協力によるものでしたが、背景にあった工芸士の危機意識を忘れることはできません。

さて、「美の匠たち」のことに戻りましょう。先にも述べたように、私も含めて工芸士たちは、自らを美の匠であると正面切って主張したことはありません。しかし作品づくりのなかでは、常に「暮らしにゆとりを求めたい」「暮らしに手触りのある感触をとりもどしたい」と考えてきました。ゆとりも手触りも、美に通じるものです。本書に登場する女性の伝統工芸士さんが「美の匠」を主張することは十分理解できます。女性ならではの感性を発揮して、新しい美、新しい価値の創出をしていただきたい。

ちょうど六年前のことです。日本伝統工芸士会創立一五周年の全国大会が福井県鯖江市で行われたとき、同室に泊まり合わせた女性工芸士さんが「私たちの展示会」を開こうという話で盛り上がったと聞きました。私は伝統工芸士会の会長を務める立場にいて、この話にいたく感動したことを覚えています。

伝統工芸の世界は男性工芸士が表面に出ることが多く、いつも女性は裏にまわってきた歴史があります。とりわけ織物や染色品の創作現場では女性の活躍が目立つのですが、展示会等に名が出てくるのは男性工芸士が圧倒的に多いのです。こうした男性優位の風潮のある工芸の世界にあって、女性工芸士が「私たちの展示会を！」と立ち上がったことがうれしかったのです。

それから二年後、「女性伝統工芸士六人展」が実現しました。快挙です。アクロス福岡で行われた本展に寄せて、私はつぎのようなエールを送りました。

「……この快挙が九州、四国、中国という豊かな自然と歴史に育まれた西日本の地から産声をあげられたことに今日的意義を感じ、春の桜前線のように六人の女性パワーとロマンが、美しく東に広がり、全日本に大きな輪となっていくことを期待してやみません」

伝統的工芸品産業振興法（伝産法）——この長い名前の法律が生まれたのは一九七四年のことです。全国各地で営々と伝統の手技を継承しつづけてきた工芸の世界に、はじめて法律の光があたった瞬間でした。それに伴い、通産省（現在の経済産業省）に伝統的工芸品産業室が設置され、財団法人・伝統的工芸品産業振興協会（伝産協会）が誕生しました。工芸品の創作に携わる私たちは、この法律と協会の誕生を、心からなる拍手をもって歓迎したものです。待ちに待った国の政策でした。否、遅すぎた登場と言ったほうが正確でしょう。

一九七四年といえば、日本は経済成長をまっしぐらに走っているときです。私たちを取り巻くあらゆる分野で、製造業も流通業も急速に力をつけていました。産業の巨大化、近代化が進むなかで、取り残されたのが、伝統工芸の領域です。先端技術には支援を惜しまない国は、残念ながら伝統技術に対する支援を後まわしにしたのだと思います。伝産法は、この意味で文字通り待ちに待ったものだったのです。

伝産協会のスタッフは、工芸士の苦衷を実によく理解して、振興にとりくんでくれました。全国に散らばっていた伝統工芸の各分野を組織化し、消費者のネットワークづくりまですすめました。日本伝統工芸士会の結成も、彼らの努力なしには実現しなかったことです。

伝産協会と伝統工芸士会は、この国の伝統工芸を推進する車の両輪です。二つの組織が手を携えて伝統工芸の未来を切り開いていかなければなりません。そのためには新しいマーケットの開拓が必要です。新しい顧客を獲得できるような、斬新なアイデアが必要です。本書に登場する女性工芸士に期待するのはその点です。

私が本書の著者と出会ったのは一〇年ほど前のことです。初代の伝産協会専務理事・兼崎俊一さんから「こんどダイヤモンド社から伝統工芸を網羅する全集が出版されることになった」と聞いた矢先に、佐藤さんが私の赤津焼工房を訪ねてこられました。それまで伝統工芸の出版は、陶磁器、漆器、織物、染色、和紙などジャンルごとの紹介が多く、また主として無形重要文化財(人間国宝)の作品を取り上げてきたと思います。しかし編集者・佐藤さんの企画は「伝統工芸の全分野を、産業として見直す」という、うれしいものでした。伝統工芸が産業として生き残れるかという私たちの危機感と出版意図が、ぴったり合致しました。これなら応援しよう!というわけで、私と佐藤さんの二人三脚が始まったのです。全国二〇八産地への取材と撮影、編集が終わるまで五年の歳月を経て、『日本の伝統工芸品産業全集』は誕生しました。以来本書の著者は、ジャーナリズムにいる人としては数少ない私の友人です。

本書で紹介された一二人の女性工芸士は、みなさん挑戦する気概にあふれた創造者です。賢明なる読者諸氏は、きっと彼女たちの斬新な作風のなかから、伝統工芸に吹いてくる新しい風を感じとってくださるでしょう。本書が、伝統工芸の未来に一つの風穴を開ける一助となるよう願って筆をおきます。

美の匠たち❖目次

【第一部】

伝統工芸の新たな闘い

世界へ、そして未来へ――

匠の世界に、「新しい風」が吹きはじめました。日本の伝統工芸は世界のどこにも負けない高度な技術を誇るものですが、国の指定している全国一九四品目の「伝統的工芸品」産地はどこも、需要の落ち込みや従事者数の減少等の難問をかかえて苦しんできた歴史があります。しかし、実際に匠の皆さんのお話を聞くと、「意外に元気」「意外に陽気」な言葉が返ってきました。

とりわけ、本書にご登場いただく女性の匠の皆さんは、驚くほど陽気で、未来を信じきっているように見受けられます。「伝統」という原石をしっかり受けとめ、「新しい美」の創造に立ち向かう姿は爽やかです。

数世紀にまたがる「手技」の伝統技術を受け継ぎ、営々と創作活動を続けてきた匠たちが、それぞれの夢に挑戦するとき、工芸の世界に新たな魅力が誕生するはずです。

第一章

女性伝統工芸士が時代を変える！

「第一回女性伝統工芸士展」の思いきったスローガン

「世界へ」
「今日より明日へ継ぐ」

二〇〇〇年九月二六日から一週間にわたって開催された「第一回女性伝統工芸士展（一八人展）」のパンフレットには、この二つのスローガンが大書されていた。

ずいぶん大仰なスローガンをつけたものだと思われる読者もおられるだろう。しかし、この会に作品を寄せた一八人の女性伝統工芸士たちは、大真面目にこの二つの言葉を受けとめていた。

このスローガンは、単なる客寄せのための惹句ではない。この言葉には、「閉ざされた工芸の道を世界にひろげ、未来につなげよう」とする一八人の女性たちの、主体的かつ積極的な意志が込められている。

「空間」と「時間」を同時にひろげていかないかぎり、いまの伝統工芸の世界に大きな風穴を開けることはできないと思っている彼女たちの、せっぱつまった危機感から出てきた言葉だったのである。

　周知のとおり、日本の伝統工芸は売り上げの伸び悩みと後継者難という難問をかかえ、どこの産地も順風とは言えない状況にある。

　一九七四年に伝統的工芸品産業振興法（伝産法《でんさんほう》）が成立して以来、行政もそれなりの振興策を講じてはきた。通産省（現・経済産業省）のなかに伝統的工芸品産業室（伝産室《でんさんしつ》）が設置され、外郭団体として伝統的工芸品産業振興協会（伝産協会《でんさんきょうかい》）が誕生した。「伝産室」や「伝産協会」については、よほど伝統工芸に関心のある人でないと、その存在すら知らないだろう。ちなみにパソコンで「でんさん」を打てばきまって「電算」の文字があらわれる。パソコンならずとも、でんさんと聞いてコンピュータをイメージする人はたくさんいても、伝統工芸品産業を思い起こす人はきわめてまれなはずである。

　省庁改変まで、通産省の伝産室は生活産業局日用品課のなかに設置されていた。伝統的工芸品は本来私たちの日常生活のなかで使われてしかるべきものだという考え方にもとづいている。しかし、今日の実生活のなかで、工芸品が日常的に使われることがどのくらいあるのだろうか。工芸品はいま、茶道や華道、あるいは能や歌舞伎などの伝統芸能の世界でこそ使われていても、家庭の茶の間で使われることはめったになくなったと言える。これが、伝産行政スタートから二七年を経た今日の、まぎれもない現実なのである。

　現在、国に指定されている「伝統的工芸品」は一九四品目ある。そして四五三一人の「伝統工芸士」（通産大臣認定の国家資格）が、それぞれ誇り高き手技の妙を発揮している。彼らは「日本伝統工芸士会」という全国組織に結集し、伝産協会と手を組んで、産地を懸命に維持している。しかし、工芸品全体の売り上げは伸び悩み、この産業に従事している人の数もだんだん減少している。いずれにしても、伝産行政二七年にわたる施策は、残念ながら伝統工芸を産業として押し上げる決定的な追い風にはならなかったということである。

「数百年におよぶ技術の伝承」と「純粋に天然の素材を使ったものづくり」にこだわる伝統工芸は、時代の大きな変化のなかでハイテクに押され、量産量販体制に押され、しだいに産業としての裾野を狭めていかざるをえなかったのかもしれない。

「このままでは、業界が窒息してしまう。なんとかして、突破口を見つけよう」

少し大袈裟な言い方をすれば、冒頭にあげた二つのスローガンは、立ち上がった女性たちの、こうした「せっぱつまった」主張から生まれたものであった。

「ものづくり」の原点を追求する

その日、福岡市天神の目抜き通りにあるアクロス福岡・交流ギャラリーは、女性の匠たちの作品を見ようとする市民でわき返っていた。初日のオープニングセレモニーには、福岡県の女性副知事・稗田慶子さんと福岡市の女性助役・坂本雅子さんがそろって出席し、ともに熱のこもった応援スピーチを披露した。お二人とも来賓を代表しての挨拶であったが、いずれも通常の来賓祝辞にありがちな常套句を使わない心地よいエールであった。

伝統工芸は、いわば「ものづくりの原点」を追求する世界である。この世界において、女性工芸士が彼女たちだけの手で見事なイベントを立ち上げたことを、心の底から祝福している様子が言葉のはしはしにあらわれていた。女性の社会進出を身をもって体現している副知事と助役ならではのスピーチだったといえる。

出品した一八人の女性工芸士が勢ぞろいした姿は圧巻であった。たくさんの報道陣が彼女たちをとりまき、いくつもの質問を浴びせる。質問の内容は、「なぜ女性だけで、このイベントを計画したか」に集中していた。

数世紀にわたって技術の伝承を貫いてきた伝統工芸の世界は、もとより男性主導の「おとこ社会」であった。伝統的な手技の研鑽にはげむクリエーター集団は、技術の伝承そして産地の維持という宿命的な課題を背負って、ともすれば排他的とも思えるような「守り」を固めてきた。「伝統を保守する」ためには、産地ごとの濃密な結束が必要だったからであろう。

こうした伝統芸を守る職人の世界にあって、女性はつねに男たちの陰に隠れ、めったに表面に出ることはなかった。その日、一八人展の取材に訪れたジャーナリストの質問が、「なぜ女性だけで?」という点に集中したのはそのためである。

主催者代表の博多織伝統工芸士・伴和子さんは、この質問にこう応えた。

「織りや染めの分野には女性の働き手がいっぱいいます。焼物の世界でも塗物の世界でも女性工芸士はそれぞれにオリジナルな作品を続々誕生させています。私たちは女性ならではの豊かな感性を、消費者の皆さまに見ていただきたいと思いました。衣食住をとりまく生活用品の多くは、女性が使っています。着物も帯も、食器も家具も、日常的に使っているのは主に女性なのです。ところが物をつくり、それを流通・販売させているのは圧倒的に男性たちです。そこが、なにかおかしい。ものづくりに携わる私たち女性も、これからはどんどん自己主張をしていきたい。その共通した気持ちが、今回の一八人展につながりました」

日本伝統工芸士会「女性部会」誕生!

日本伝統工芸士会に「女性部会」ができたのは二〇〇〇年五月のことである。もともと日本伝統工芸士会は、陶磁器部会、染織部会、仏壇仏具部会の三部会を持っていたが、そこに四番目の部会として「女性部会」が発足した。この部会の発足は、本書に序文を寄せてくださった日本伝統工芸士会会長・梅村晴峰さん（赤津焼）、元日本伝統工芸士会会長・中村清六さん（伊万里・有田焼）の尽力によるところが大きい。また、伝産協会担当スタッフである丸岡隆之さん、秋葉和生《あきばかずお》さん、三上亮《りょう》さん、佐々木千雅子《ちかこ》さん、指《さし》田《だ》京子さんたちも、女性工芸士の活躍を最初から応援してこられた方であり、この方たちの女性部会の成立に向けての精力的な活動を忘れるわけにはいかない。さきに述べたように、まさしく伝統的に男社会であった伝統工芸の世界で、女性が檜舞台に上がることについてはそれなりの抵抗もあった。人間社会に共通したやっかみやねたみがなかったわけではない。しかし、梅村さんをはじめ日本伝統工芸士会や伝産協会の心ある人たちの応援を得て、女性部会はようやく念願のスタートを切ったのである。

　女性部会の会長には、伴和子さんが就任した。伴さんはさきの一八人展でマスコミの取材に堂々の主張を述べた女性である。副会長には、京繍《きょうぬい》の伝統工芸士・下司喜三子さんと伊万里焼の伝統工芸士・青木妙子さんが就任、下司さんも青木さんも、ご自分の意見をはっきりもった魅力的な女性である。

　そして六人の伝統工芸士が、幹事を引き受けられた。東京手描友禅の伊藤千恵子さん、山中漆器の大下香苑さん、西陣織の小玉紫泉さん、京友禅の岡山武子さん、京くみひもの梶操さん、読谷山花織《よみたんざんはなおり》の新垣澄子さんである。監事役には、青木さんと同じ伊万里焼の伝統工芸士・市川翠子さんがあたることになった。

　会の役員で忘れてはならない人が、梅村晴峰さんである。日本伝統工芸士会会長を務める梅村さん自ら、女性部会の顧問を引き受けた。このことは、梅村さんの心意気を感じさせると同時に、日本伝統工芸士会全体の女性部会に寄せる期待をあらわしている。もう一人の顧問が、博多人形にこの人ありとされる井上あき子さんである。傘寿を間近にした井上さんは、いまも背筋をぴんと伸ばして創作活動に情熱を傾け、若い工芸士たちの指導に当たっている。

ここに揚げた役員の方たちのほとんどは、本書第二部にご登場いただいている。いずれの方たちも、ご自分の作品に向かうときは、驚くほどのオリジナリティーを発揮される。後章で、ご当人たちの作品づくりにかける意気込みをお読みになり、オリジナルな発想ぶりをお楽しみいただけたらさいわいです。

新時代の生活のかたち

女性部会に名を連ねた伝統工芸士は、四七二名(二〇〇一年五月現在)。工芸の分野は織り、染め、絞り、刺繍、くみひも、焼物、杞柳《きりゅう》細工、仏壇仏具、和紙、筆、人形、表具におよんでいる。日本伝統工芸士会全体で四五三一人だから、女性工芸士はほぼ一割強を占めることになる。男女の人数比を見ただけで、工芸の世界がいかに男社会であったかがわかるが、女性部会が正式に発足したこれからは、女性たちの進出が目立つようになるだろう。

話をさきの「一八人展」にもどしたい。二〇〇〇年九月二六日、アクロス福岡・交流ギャラリーで行われたオープニングレセプションの模様は先述のとおりである。福岡県の女性副知事や福岡市の女性助役が熱のこもった祝辞を述べたあと、伴和子会長が主催者を代表して挨拶した。副知事と助役のスピーチにあった「女性が主役・二一世紀は女性が飛翔する時代」という言葉を受けて、「今回の一八人展は、女性の作り手ならではの感性によって制作された作品を展示することにより、女性の立場から、伝統的工芸品を愛する日本の生活文化が健全に次代に引き継がれ、進展していくことを願って開催するものです」と、力強い決意を表明した。

伴さんの決意表明に出てきた「伝統的工芸品を愛する日本の生活文化」という言葉こそ、全国の伝統工芸士が希求してやまない新時代の日本の暮らしを明確にあらわしている。

第二章

「変革」の旗を掲げた一八人の匠たち

「第一回女性伝統工芸士展（一八人展）」の会場に展示された工芸品は一三品目。各品目の特徴と出品者をご紹介しておこう。

【西陣織❖京都】

古代エジプト、古代中国などで生まれ育った綴織《つづれおり》は、奈良時代、シルクロードを経て日本に伝わり、一八世紀に京都・西陣で再興された。

出品者は小玉紫泉さんと杉村町子さん。小玉さんは爪掻き本綴織の伝統工芸士である。西陣織を代表してフランス・リヨン市へ研修視察（リヨン市は織物の経糸《たていと》を操作するジャガードを西陣にもたらした町）し、テレビ出演等で伝統工芸の普及に尽力した。作品は、通産省生活産業局長賞、京都府知事賞、京都新聞社賞等を受賞している。

杉本さんはコプト織の織り表現の豊かさ、美しさに惹かれ、すくい織りを追求している西陣の伝統工芸士。男社会の西陣のなかで、着る人＝女性の立場に立った帯づくりにとりくみ、西陣織大会等で数々の受賞歴がある。

【博多織❖福岡】

一三世紀ころの起源というから、七〇〇年近い伝統を誇る。献上博多《けんじょうはかた》で有名な博多織の帯は、一七世紀はじめに藩主・黒田長政が幕府への献上品に指定したところからその名がついた。

出品者は伴和子さん、草場富士美さん、谷口澄子さんの三名。伴さんはすでにご紹介した伝統工芸士会女性部会会長であり、この展示会の代表でもある。「帯の博多」のイメージにとらわれず、博多織の伝統技法を着物に生かす創作活動をつづけている。全国商工会連合会会長賞・優秀デザイン賞受賞。

草場さんは博多織の意匠図描きに携わり、一六年前からコンピュータを援用したカラーシミュレーションによる紋図づくりに挑戦している。二〇〇〇年四月には東京での博多織新作展で内閣総理大臣賞を受賞した。

谷口さんは染めと織り、デザインの三分野を学び、独自のデザインで主に着尺を創作。新分野への挑戦をこころがけている。

【東京手描友禅❖東京】

友禅染は、江戸中期、宮崎友禅斎によって考案されたといわれる画期的な染めの技法である。東京手描友禅は、京友禅、加賀友禅、名古屋友禅とともに国の「伝統的工芸品」に指定され、江戸庶民の粋を表現した淡彩の意匠が特徴とされる。

出品者は伊藤千恵子さん。彼女は「着てこそ映える着物」をテーマに染めをつづけてきた。そこには着物は箪笥の奥にしまいこんでおくものではないという伊藤さんの生活感が投影されている。多彩な色を使いながら、上品な作品を続々と創作し、毎年個展を開いている。先年、公式招待されてフランス、イタリアほかヨーロッパ各国で染めの技法を指導、作品の展示を行った。

【京鹿の子絞《きょうかのこしぼり》❖京都】

起源は遠く一〇世紀に遡る。宮廷に納めた絞染《しぼりぞめ》にはじまり、一七世紀、江戸初期には「かのこ」の名前で愛用されるようになった。のちに開発された友禅染は糊で染めの広がりを留める技法だが、絞染は文字通り布を絞り込むことによって留める伝統技法である。絹織物を生地とし、疋田絞《ひったしぼり》、一目絞などの技法を駆使して複雑多彩な絞染模様をつくりだす。

出品者は川本和代さん。母の北井米さんに師事して以来、疋田絞一筋五〇年のベテラン伝統工芸士である。「昔も今も変わらぬ仕事を続けています」という彼女の言葉からは、母の代から一世紀近く、二代にわたって疋田絞一筋に打ち込んできた工芸士の矜持が感じられる。綸子《りんず》の白生地に露草の染料で絞り染める。染めあがった鹿の子の、目の覚めるような鮮やかさが美しい。機会あるたびにテレビや雑誌に登場して「鹿の子」のパブリシティーに努めている。

【京友禅《きょうゆうぜん》❖京都】

東京手描友禅でご紹介したように、宮崎友禅斎の名を冠した染めの技法である。江戸時代の本『源氏ひいながた』(一六八七年刊)に名を残す宮崎友禅斎は、それまでの模様染めの手法を参考にしながら、自由な意匠の表現と豊かな色彩表現を可能にする技法を編みだした。それが友禅染である。京友禅は優美で華麗な文様を特徴としている。

出品者は岡山武子さん。「武子の夢きもの」にはすでにたくさんのファンがいて、岡山さんの独自な意匠が喜ばれている。全国で一九四品目を数える「伝統的工芸品」はそれぞれが立派なブランドであり、とりわけ京友禅は群を抜いた最大手である。その京友禅にあって、さらに「自分のオリジナルブランドをつくる」という岡山さんの骨太な発想には拍手を贈りたい。彼女の作品は通産大臣賞、京都府知事賞、

NHK賞などを受賞。近年はパリ、ニューヨーク、オランダでの個展や他ジャンルのアーティストとのジョイント展を開き、創作活動の場を広げている。

【京くみひも❖京都】

日本人と紐の関係は縄文の昔から始まっている。縄文の「縄」の字が示すように、繊維を撚り合わせて強度を増した紐が、古代社会の暮らしのなかで使われていたことは興味深い。古墳のなかには頭から飾り紐をたらした姿が見られ、刀を紐で吊した人の姿も出土されている。奈良時代には中国や朝鮮から組み紐の新技術が伝わり、唐組み、高麗組みなどの「くみひも」がつくられるようになった。今日に伝わる「くみひも」の伝統技法は、江戸時代に確立されたものである。

くみひもの代表的な製品は帯締めと、羽織の紐であるが、平安から江戸にいたる公家文化・武家文化のなかで、暮らしのさまざまなところで紐は大活躍してきた。その後も技術の研鑽は続き、京都、伊賀、江戸でくみひもの産地が形成されていく。今日、「伝統的工芸品」として指定されているのは、「京くみひも」と「伊賀くみひも」の二品目である。

出品者は、梶操さん。一九五一年より半世紀にわたって帯締めの制作にあたってきた、京くみひもの伝統工芸士である。特に、柄や文字入りの帯締めを高台で組みあげる「綾書き」づくりを得意とし、一九九四年には「耳高高麗《みみだかこうらい》」の技法による綾書き帯締めを完成させた。京都府伝統産業優秀技術者表彰受賞。国指定の「現代の名工(卓越技能保持者)」である。

【京繍《きょうぬい》❖京都】

織物の文様づくりは、多彩に染めあげた糸で織り込んでいく手法と、友禅染や絞染、ろうけつ染のように白生地から染めていく手法の二種類が代表的なものである。京繍は、色糸を手縫いで刺繍することによって立体感あふれる美しい文様をつくりだす、いわばもうひとつの伝統技法と言えるだろう。

今日、「繍《ぬい》」は「京繍」と「加賀繍」の二つが「伝統的工芸品」としての指定を受けている。

起源は、平安時代の縫部司《ぬいべし》に遡る。宮廷貴族の繍衣、繍仏、仏具飾り等に活用され、その技術を育んできた。絹織物、麻織物に色絹糸、金糸、銀糸を一本一本丹念に縫い込み、絢爛たる刺繍美を生みだした。「京繍」は、平安文化の雅で華麗な味を現代に伝えている。

出品者は、下司喜三子さん。京繍司・福田喜三郎の二女に生まれ、一九五二年よりこの世界に入った。兄の福田喜重さんは刺繍部門の人間国宝、夫の下司和章さんは金彩加工の名人である。京繍の申し子ともいえるような恵まれた環境で育った下司さんは、夫の和章さんとともに設立した下司工房で、自らのオリジナル作品づくりに挑戦している。

彼女の作品を一言で表現すれば、「華麗なふくよかさ」。刺繍はもとより糸をかさねて縫い込むもので、幾重にもかさねることによって　美しい立体感をつくりだしていく。したがって糸のかさねが多いほど文様部分の嵩《かさ》が高くなり、それだけ立体的になる。しかし、刺繍の美は、嵩の高さにあるのではない。単に物理的に嵩高になったとしても、それだけでは雅な風合いは生まれない。人の心を打つ雅を表現するためには、糸を刺す針の動きに独特な「間」が必要なのである。私のインタビューに応えて、彼女はこう主張した。これが、下司さんの刺繍司としての創作理念である。

これまで個展、総合展等に数多くの作品を発表、京都市長賞ほか受賞歴も多い。

【伊万里・有田焼❖佐賀】

一六世紀末、豊臣秀吉の朝鮮出兵には各藩諸侯が動員された。朝鮮からの撤兵の際、諸侯は朝鮮の陶工たちを連れ帰っている。佐賀(鍋島藩)の鍋島直茂の連れ帰った名工が李参平(日本名・金ケ江参平)であった。

李参平は数年後、有田の泉山で良質の陶石を発見する。これが、日本で初めての磁器誕生につながった。

日本にはそれ以前から「六古窯（瀬戸、常滑、信楽、丹波、備前、越前）」として知られる陶器の産地があり、それぞれの創意工夫で独自の技術を磨いてきた歴史がある。その後、とりわけ幕藩時代には各藩の藩用窯として栄えてきた。しかし、中国や朝鮮の白磁、青磁に代表される磁器の生産は、この李参平による技術移転を待たなければならなかったのである。

ご存知のとおり、陶器は土（陶土）をこねて成形し、窯に入れて焼きあげるものだが、磁器は石（陶石）を砕いて成形し、陶器より高温で窯焼きするものだ。当然のことながら、焼きあがった器の密度が違い、肌触りも風合いも異なる。

李参平による泉山陶石の発見は、佐賀のみならず日本の磁器制作に大きく貢献し、伊万里・有田の産地形成を促進した。その後、この地では多くの名工たちが輩出し、赤絵の完成とあいまって今日の基礎を築いていく。鍋島藩の藩用窯で完成した伊万里の色鍋島《いろなべしま》は、世界に冠たる日本の青磁として欧米からも注目され、喜ばれている。

出品者は、青木妙子さんと、市川翠子さん。青木さんは、色鍋島発祥の地・大川内山《おおかわちやま》の虎仙窯《こせんがま》で三〇余年絵付けを続ける伝統工芸士である。虎仙窯は父・川副為雄がはじめた伊万里を代表する窯のひとつ。川副家は、鍋島藩お抱えの焼きもの師であった。

青木さんがもっとも得意にしている絵柄は花である。大川内の鍋島藩用公園には自然の雑木林が広がり、四季を通じて季節の花が満開になる。少女期に画家になることを夢見て育った青木さんは季節ごとに樹花のデッサンを楽しみ、自分の絵付けに生かしている。特に好きな花は、桜。彼女の描く桜花は、大皿・小皿や花瓶、食器類を鮮やかに彩り、多くの青木ファンに喜ばれている。一九九二年からは毎年、佐賀県展ほか、各陶磁器展で入選、受賞をはたしてきた。日本伝統工芸士会女性部会の成立の過程では伴和子さん（同会会長）、下司喜三子さん（副会長）と一緒に組織づりに尽力し、下司さんともども副会長の任にあたっている。

市川翠子さんは、青木さんと同じ色鍋島の大川内山に「翠峰窯」を開き、女手ひとつで窯を守ってきた方である。一九六一年からこの道に入り、独立するまでの一時期、お隣りの有田に住み込んで磁器制作の一貫工程をすべてを修業した。草花文様の「染錦《そめにしき》」に独自の創意工夫をかさね、精緻な絵付けと鮮やかな色彩に定評がある。ご自身は高等女学校時代から文学を志し、同人誌にもエッセイや短歌を揮毫していたが、いまは俳句を趣味として、好きな草花や窯の周辺を記録している。

彼女の作品に、自然を愛してやまない独特な思い入れがあるのは、若い日から培われた彼女の文学性のゆえかもしれない。一九九九年には伝統的工芸品産業功労者褒賞を受賞、現在、日本伝統工芸士会・女性部会の監事を引き受けている。

【三川内焼《みかわちやき》❖長崎】

一六世紀末、秀吉の朝鮮出兵のおり、平戸藩主・松浦鎮信は朝鮮の陶工・巨関（日本人名・巨関久兵衛）を連れ帰った。佐賀の鍋島藩に李参平がやって来たのと同じ経緯である。平戸では、李参平の泉山陶石発見におくれること四六年、純度の高い天草陶石が発見される。発見者は、巨関の孫にあたる今村弥次兵衛であった。

平戸の三川内地区（現在の佐世保市三川内町）につくられた三川内焼は、天草陶石による白磁生産で一気に発展していく。純白の肌に描かれた優美な呉須《ごす》絵と精緻な手彫り（白磁に透彫《すかしぼり》をほどこす）の技術は、のちに陶祖としてまつられるようになった弥次兵衛の功績によるところが大きい。呉須とは磁器の染め付けに使う藍色の染料のことで、もともとは中国にある木呉須というコバルト等を多く含んだ粘土を原料としていた。いまは、ほとんど人造呉須を使用している。

江戸中期にいたると、三川内焼の存在は中央にも知られるところとなり、朝廷や幕府への献上を下命されるほどになった。

三川内焼の作品を展示したのは中里由美子さんと福本豊子さん。中里さんは藤絵、草花文、唐子絵《からこえ》等の伝統的な絵付けを得意とし、白磁の画工の道をまっすぐに歩いてきた。唐子絵というのは、枝ぶりのよい唐松と牡丹の花のまわりで群れ遊ぶ唐の子どもたちを描いた絵である。三川内焼に伝わる伝統的な絵文様で、唐子絵の焼物はいまでこそ日本の多産地で焼かれるようになったが、往時は三川内の御用釜でしか焼くことを許されない「御留焼《おとめやき》」であった。今日、唐子文様は不老長寿の絵柄として、還暦や喜寿の祝いの贈り物などに喜ばれている。

三川内の伝統をしっかり受け継いで絵付け一筋にすすむ中里さんは、一九九七年三川内焼陶磁器作品展グランプリ大賞を受賞した。

もう一人の出品者、福本豊子さんは素地の透彫に携わる伝統工芸士である。彼女の得意とする透彫は、高度な技術が要求されるため磁器のなかでも最高の上物とされている。三川内には元禄のころから伝わる一〇種にもおよぶ彫りの技法があり、精緻きわまる細工は圧巻である。福本さんは、透彫の技法を駆使して、まさに圧巻の花瓶や香炉、食器等を創作。長崎陶磁展肥前新聞社賞ほか多数の受賞歴をもっている。

【波佐見焼《はさみやき》❖長崎】

長崎県には、三川内焼と同じように伝統的工芸品に指定された焼物がある。それが、三川内町とほぼ隣接する波佐見町の波佐見焼だ。波佐見は有田にもバスで数十分という近接の地であり、いわば日本を代表する磁器産地のまんなかに位置していると言えるだろう。伊万里・有田、三川内そして波佐見の三大磁器産地が、なぜこうした隣接地に生まれたのか。理由は二つ考えられる。第一は、言うまでもなく秀吉の朝鮮出兵時に連行された名陶工たちの影響であろう。ここ波佐見においても、朝鮮出兵に出陣した大村藩主・大村喜前が李佑慶ら数人の陶工たちを連れ帰り、波佐見に窯を開かせた。波佐見焼の起源である。

さて、二つ目の理由はこの地に良質な陶石がつぎつぎと発見されたことである。有田の泉山陶石、三川内の天草陶石につづいて、波佐見でも三股皿山に陶石が発見され、これが波佐見の磁器を生みだすこととなった。

波佐見の特徴は、人々の生活と密着した茶碗や皿、しょうゆ瓶、徳利、猪口などを焼きつづけたことである。もちろん日用食器だけでなく上物とされる格調高い呉須絵の入った作品や彫りをほどこした作品も多く、生活密着型の食器類も高度な技術に裏付けられたものばかりである。

出品者は、吉川千代子さん。一九七一年に波佐見焼鶴松陶園に入り、日用食器や花瓶等の下絵付けに携わってきた伝統工芸士である。一九九七年にはブラジル・サンパウロで行われた波佐見焼陶磁器展に作品を展示し、ブラジル在住の多くの日系人やブラジル人客の喝采を得た。翌九八年、日本伝統工芸士会作品展で入選。ほかにも数々の受賞歴がある。

【山中漆器《やまなかしっき》❖石川】

石川県山中町は、その名が示すように四方を山で囲まれた漆器と温泉の町である。この地で漆器がつくられるようになったのは一六世紀後半のことで、木地師《きじし》たちが良木を求めて移り住んできたことから始まった。木地師は遠く九世紀に登場した轆轤《ろくろ》挽きの職人であり、全国の深山をめぐり良木のあるところに集団で移り住んだと言われている。

山中温泉を囲む四方の山には、欅、橅《ぶな》、栃など、木地師の要求にかなうだけの良木が豊富にあったことが幸いした。彼らは椀や盆、茶托、棗《なつめ》、菓子器などの「丸物《まるもの》」を挽き、温泉を訪れる湯治客などに木地挽きの作品を売った。同じ石川県にある漆器の代表的な産地・輪島が重箱や角盆、屠蘇器などの「角物《かくもの》」を得意にしているところから「輪島の角物、山中の丸物」と言われるようになった。

山中漆器の特徴が、木地そのものの美しさにあるのは、産地誕生のいきさつによるものだろう。特に、木地師の名手によって編みだされた筋挽《すじび》きの技法は、山中漆器ならではの美しい作品を生んでいる。

主な筋挽きの技法が、「千筋《せんすじ》」と「稲穂筋《いなほすじ》」である。千筋は、荒挽き・仕上げ挽きのすんだ木地に極細の筋を一ミリ幅に五〜六本等間隔に挽いていく技だ。まさに筋の芸術と言われるゆえんである。稲穂筋は、重たく穂をはらんで頭を垂れる稲穂を思い起こせばイメージできよう。木地の中心から外側に向けて斜めにカーブする稲穂の線がみごとに挽かれている。

木地師の手になる筋挽きの白木地作品に、漆塗りがほどこされるようになったのは一八世紀中庸。このころ開発された朱溜塗《しゅだめぬり》は、山中の伝統技法として今日に伝えられている。朱や弁柄《べんがら》（鉄分を含んだ赤色顔料）で中塗りし、さらに透漆《すきうるし》で上塗りをほどこす逸品である。また、漆黒の漆を使った単彩の作品も多い。

明治にいたり、有名な拭漆《ふきうるし》が開発された。生漆《きうるし》を木地に摺《す》り込み、なめし革で磨き、さらに研磨紙で何度も磨く。木地の木目の美しさを強調する作品であり、その意味では飛騨の春慶塗《しゅんけいぬり》に近いが、春慶と異なるのは漆を木地に摺り込む点であろう。

時の流れのなかで伝統技法にも新しい創造が加わっていく。拭漆の登場は、明らかに伝統工芸士（ここでは塗師《ぬし》）たちの挑戦的研究のたまものと言える。

山中漆器の作品を展示した女性工芸士は、大下良子さん（号は香苑）。彼女は高校時代から東京で日本画家をめざし、卒業後は高名な日本画の師匠について画作を学んだ経験の持ち主である。縁あって山中塗の伝統工芸士・三代目大下雪香さんと結婚。日本画家になる夢を漆器にほどこす蒔絵で実現させてきた。

茶道具に蒔絵を描くために夫とともに茶道を究め、茶道を志す茶人の期待を裏切らないような道具をつくっている。彼女の作品は茶道具にとどまらない。山中の伝統を尊重しながらも、自分のオリジナル作品に挑戦し、多彩な色漆を使った作品を創作してきた。蒔絵をつけた万年筆なども彼女の考案によるものので、多くの香苑ファンをもっている。

【熊野筆《くまのふで》❖広島】

全国の筆生産量の約八〇パーセントを占めているのが広島県安芸郡の熊野町である。中国山地よりにある風光明媚な山里で、毎年秋分の日に行われる熊野町の筆まつりには全国から多数の人が集まってくる。つくっている筆は書道用だけでなく、絵筆や化粧用の筆もある。

伝統的工芸品として指定されている筆は「奈良筆」と「熊野筆」の二品。歴史は奈良筆のほうが古いが、熊野筆は町の人口の六〇パーセントが何らかのかたちで筆づくりに関係しているほどの一大産地を形成するにいたった。

熊野筆の発祥は一九世紀前半、伝統的工芸品としては歴史が若い。広島の浅野藩御用筆司・吉田清蔵から、この村の人たちが筆づくりを学んだのが始まりと言われている。しかし実際に筆づくりがこの町に定着したのは江戸末期になってからのことであった。明治にいたり学制が制定されると、学校教育のなかで習字用の筆が使われるようになった。このときから、筆は町の産業としての地歩を確立していく。

野口雨情作詞の「筆まつり唄」には「筆は七〇サッサコリャ、咲いた紫陽花ただ七度」というくだりがある。筆づくりの多様な工程を表現した歌詞である。七〇工程というのはあまりに細分化しすぎた数え方のようだが、今日でも山羊や馬、狸などの獣毛を「火のし」する段階から「毛揉み」、「寸切り」、「練り混ぜ」、「芯立て」、そして最後にできあがった穂首を「糸締め」する段階まで一二の工程を踏んでつくられている。

出品者は、伊原木嘉世子さん。一九五四年、一九歳のときに名人といわれた筆司・実森盛登《さねもりもりと》さんに師事し、筆づくりの道に入った。のちに、「山羊毛筆づくりにかけてはこの人をおいてほかにいない」と彼女自身が確信した山田高明《やまだたかあき》さんに教えをこい、伊原木さんはいま、熊野筆を代表する筆司となっている。伊原熊野町にある「筆の里工房」には、文房四宝（筆・墨・硯・紙）にまつわる物語や筆の文化を記した資料等が展示されている。そこでは毎日、筆づくりの実演が行われており、伊原木さんはその任にあたっている。したがっていま、伊原木さんの仕事場は、連日書家や書道好きな人たちが訪れる「筆の里工房」になっている。

外部から訪ねてくる人はきまって実演中の伊原木さんから筆の蘊蓄《うんちく》を聞いていく。名人気質の伊原木さんにとって、一人ひとりの客に応対することはおそらく苦痛だったろう。それも休憩中ならいざ知らず、彼女自身の作品を創作中なのだから。しかし彼女は、「みなさんに筆のことをもっと知ってほしいから」と言い、いつもにこやかに応対している。

一九七六年、熊野町長賞を受賞した。

【博多人形❖福岡】

博多人形は、焼物である。白い粘土をこねて人形の形に成形し、窯に入れて素焼きする。そこに精緻な筆づかいで顔を描き、衣裳を描き、備品を添える。今日、伝統的工芸品に指定されている人形には「京人形」「江戸木目込人形」「宮城伝統こけし」「博多人形」などがあるが、京人形と江戸木目込人形は桐や杉の木粉を生麩糊《しょうふのり》で練り混ぜ、木型に入れて成形するものである。宮城のこけしが木そのものを轆轤《ろくろ》成形してつくられることは周知であろう。したがって、土から生まれた伝統的工芸品としての人形は博多人形だけなのである。

日本における人形文化の発祥は、縄文時代の土偶や埴輪に遡る。これらはすべて土から生まれた人形であった。この意味では、博多人形が原初の製法を受け継いでいると言うことができる。

一六〇一年、初代黒田藩主・黒田長政が福岡城を建てるとき、城の屋根を葺いたのが御用瓦師・正木宗七であった。宗七は瓦を焼くかたわら細工物をつくり、あるとき大黒面と能面を焼いて藩主長政に献上した。これが、博多人形の誕生につながっていく。

今日の博多人形は、九つの制作工程を経てつくられている。まず「粘土づくり」にはじまり、「原型づくり」、それを石膏で「型取り」し、つぎにその型へ粘土を押しつける「型押し」、型から取りだす「生地起こし」で生地人形ができる。それから「自然乾燥」「素焼き」「彩色」を経て、最後に肝心の「面相仕上げ」となる。

博多の主な人形には、「歌舞伎もの」「能もの」「美人もの」「武者もの」「童《わらべ》もの」などがあり、それぞれを得意とする人形師が制作にあたっている。

博多人形の出品者は井上あき子さん。一九三九年より人形制作をはじめ、傘寿を間近にした今日なお、博多人形を代表する作家として現役を貫き、意欲的な創作活動を続けている。故人となった夫・長二郎さんも名人気質の人形師で、彼の得意としていたのが「美人もの」だった。人形づくりをはじめた初期のころから、あき子さんは夫とは別の道に挑戦してきた。もっとも得意とするのが「能もの」である。彼女の手になる能人形は、ときに鬼気迫る妖気を放ち、ときに人生の深淵をのぞき込んだ人の生気を表現する。彼女が好きな女性は、能の曲目によく登場する小野小町。小町を描いた作品は多く、余人の追随を許さない逸品がそろっている。

内閣総理大臣賞ほか多くの受賞歴をもち、現在、福岡県無形文化財保持者、国指定「現代の名工(卓越技能保持者)」である。一九九四年には伝統工芸士として勲六等瑞宝章を受章した。

第三章

「伝統へのこだわり」と「新たな挑戦」

「自分の流儀」にあふれた作品群

前章では「第一回女性伝統工芸士展（一八人展）」が巻き起こした新しい風を見た。風は出品された作品そのもののなかから吹いてくる。私は、この風を吹かせた作者たちの話を一人ひとり聞いて回った。どの作者も、決して一様ではない。一八人がそれぞれに「自分の流儀」をもっている。一人ひとりが独立した創造者なのだから、一八人がいれば一八通りの流儀があって当たり前なのだが、私はこれまで見てきた工芸品展では味わえなかった新鮮な驚きを感じていた。そこに、数々の冒険があったからである。

伝統は多くの場合、保守に通じる。したがって伝統を守るだけの芸は、殻を突き破る迫力に欠ける。殻のなかに閉じこもって、そこからの大脱出を果たせない。偉大な先人がのこしてくれた遺産を目減りさせないようにしていくだけである。無論、このことに価値がないといっているのではない。伝統芸の継承がないところから、新たな発展は望むべくもないだろう。しかし、継承のうえに、新規の創造がなければ、伝統は残念ながら過去の遺産でしかなくなるのである。そこには冒険がなければ、飛翔もない。

「伝統工芸の未来を拓く」からには、少なくとも挑戦と冒険がほしい。女性伝統工芸士一八人は、まるで申し合わせてでもいたかのように冒険心に富んだ作品を出品していた。そのことが、私には新鮮な驚きであり、強烈な印象として心に残ったのである。

海外との文化交流

「未来へ」そして「世界へ」の道を女性工芸士たちはそれぞれの創意工夫で切り開いている。一八人展に参加した京友禅の岡山武子さん、西陣織の小玉紫泉さんは、すでにヨーロッパ、アメリカでのイベントに出品・実演して大好評を博した。日本の伝統工芸を世界に広めようという動きは、本書に序文を寄せられた梅村晴峰さん(日本伝統工芸士会会長)が、自ら先頭に立って推進している工芸士会の重要戦略のひとつである。梅村さんは毎年のように中国、韓国ほかアジア諸国に出かけ、伝統工芸を通して交流を深めている。伝統工芸にはアジアがルーツのものが多い。いわば共通の根っこをもつ文化ということができる。ならば相互の交流から、新しく生まれてくるものがあるのではないか。新時代に、伝統的工芸品の需要を喚起させていくためには、こうした交流がきわめて重要な意味をもってくると、梅村さんは考えている。

二〇〇一年二月、梅村さんは韓国ソウルで日韓の文化交流イベントに参加した。言うまでもなく韓国は日本の陶芸に大きな影響を与えた国である。伊万里・有田が世界に冠たる磁器の里になった背景に李参平の活躍があったことは先述のとおりだし、また一六世紀末に朝鮮半島から日本に連れてこられた多くの陶工たちの手で、日本の焼物が飛躍的な進歩を遂げたことも事実である。

ソウルの会場で、梅村さんは赤津焼の実演を行った。多くの焼物ファンが集まり、赤津焼の実演コーナー付近は人だかりが途絶えなかったそうである。梅村さんの実演を現地で見たソウル在住の人に話を聞くと、一九九八年金大中大統領就任以降、韓国では日本との文化交流が急速に進んでいるという。陶磁器の先輩である韓国と李参平以来四世紀の空白期間を埋めて、焼物文化の交流が積極的に進められることを梅村さんは願っている。

梅村さんが伝統工芸士会会長として積極的に進めている海外との交流は、工芸士会の多くの匠たちのあいだで理解され、「世界へ」の風潮はしだいに高まりを見せている。とりわけ織物、染織品、焼物、漆器等の分野では、輸出振興が叫ばれ、産地ごとの努力がかさねられてきた。

私設「着物ミッション」大活躍！

梅村さんの精力的な活動に呼応するように、匠たちはそれぞれの現場で海外活動を展開している。

匠の側からの自助努力として特筆すべきケースをご紹介しよう。

東京手描友禅の第一号女性伝統工芸士に認定された伊藤千恵子さんの海外活動である。彼女は東京手描友禅を代表する女性の匠として友禅工房「千粋」を主宰しているが、この「千粋」が一五年来毎年行ってきたヨーロッパ、アジアへの「着物ミッション」活動は質量ともにもっとも充実したものとして記録すべき内容を誇っている。彼女は、一九八五年スペイン・バルセロナでカタルーニア政府文化庁後援の「着物ショウ」を開催して以来、今日まで一三か国の主要都市で大規模な着物イベントを行い、日本の着物文化の普及に尽力してきた。

「千粋」主催の海外イベントは、最低三〇人から多いときには七〇人におよぶ大パーティーを組んで現地に出かけ、相手先に楽しんでもらえるショウを企画するところに特徴がある。言ってみれば私設の「着物使節団（ミッション）」といったところだ。

参加する団員はほとんど全員着物姿で出発し、行く先々の町を歩く。ショウのときだけ着物に着替えればそれでいいといった発想はまったくない。行き帰りはジーンズにTシャツ、ショウで着る着物をスーツケースに詰め込んで出かけるスタイルが多いなかで、伊藤ミッションの意気込みは最初から違っている。

「えっ？　飛行機の中でも着物？」

「もちろん！」

「もしかしたらファーストクラス？」

「とんでもない。そんな贅沢はできないわ。エコノミーよ」

「それは大変だ。全員が窮屈を我慢する」

「いいえ、それは誤解。着物は決して窮屈なものではないの。おたいこ結びにしなければ、いくらでもらくーな着付けができる。本来の着付けってそういうものよ。いまの人たちはみんな勘違いしている」

スイスの高地でも南仏の海辺でも、伊藤ミッションの一行は着物姿で歩いた。五〇人からの日本女性がいっせいに着物を着て歩く姿は、とにかく目立つ。行き交う人たちは一様に目を見はり、声をかけてくる。そうしたとき伊藤さんは時間の許す限り、出会った人たちからの質問に答え、会話を楽しむ。そこにはいつも、ごく自然に和やかな雰囲気が醸成され、着物姿の日本女性を取り囲む人たちの間からざわめきのような歓声が巻き起こる。

「あでやかな友禅文様が、出会った人たちの印象に残ってくれれば、私たちはそれで満足。着物は人生の晴れの舞台で着られることが多いけど、日常の暮らしのなかでもごくあたりまえに着られていることを現地の人にわかってもらいたいから」

ヨーロッパで大うけの「着物ショウ」

伊藤さんの行う着物ショウは、通常のファッションショウには見られない工夫がこらされている。ショウのなかに、日本の暮らしの文化を取り込んでいるのだ。たいていの場合、誕生後初めて晴れの着物を着せられるのはお宮参りのときだろう。そして七・五・三、入学式、卒業式、成人式、結婚式と続く。こうした日本の行事に合わせて、ショウの物語が進行する。さらに、茶道や華道、日本舞踊など、着物に縁の深い芸事が、ショウの舞台で披露される。彼女は花柳京寿恵《はなやぎきょうすえ》の名をもつ花柳流専門部の名取でもあるから、その道のお弟子さんも多い。ミッションの一行には舞踊家に育った弟子たちも参加している。だから日舞の披露はお手のものである。

着付け、帯結びの講習もショウの人気番組のひとつだ。そのときは壇上に会場のお客さんを招き上げ、即席のモデルになってもらう。頭ひとつ背高のっぽの人や、失礼ながらビヤダルのごとき肥満体の人でも、着物はそれぞれの体形に合わせて着付けることができるからすべてOK。着付けの終わったモデルたちは満面の笑みをたたえ、会場からは万雷の拍手が寄せられる。

この後、ミッションを代表して伊藤さんの「着物講演」。友禅の実演も加わり、持参した彼女の作品が紹介されるころには、会場全体が熱気につつまれる。大袈裟な言い方に聞こえるかもしれないが、けっしてそうではない。彼女が描く友禅文様は、六〇色におよぶ多彩な染料を使っていながら、限りなく単彩に近いシンプルな美しさを現出させている。そのきわめて日本的な美が、ヨーロッパの人たちの心をとらえるのかもしれない。

彼女にとって友禅は人生そのものである。だから彼女は、友禅を語りながら人生を語っている。国が違い、住む文化が違っても、同じ時代に生きている聴衆が彼女の話に引き込まれる理由はそのあたりにあるのではないだろうか。
東京手描友禅を代表する伝統工芸士に成長した彼女の歴史を少しだけ辿っておこう。

海外一五か国に「着物文化」を伝える

伊藤千恵子さん六五歳。学習院女子短期大学を卒業後、三〇歳の年に友禅の世界に入った。それまでは日舞、水墨画、琴、三味線と、和の文化をひととおり修業、子どものころから「一週間まるごとお稽古」の日々を過ごした。いずれも名のある師に師事しての本格的な修業で、お嬢さん芸の域を超えている。稽古に通う毎日、彼女は洋服を着なかった。その徹底ぶりは、友だちから「学校の制服以外、千恵子の洋服姿を見たことがない」と言われるほどであった。こうした彼女の幼いころからの「和の心」が、後に友禅作家となる資質を育んでいたのだろう。

一九六七年、彼女は東京手描友禅（東京都工芸染色協同組合）理事長・高山芳樹《たかやまよしき》さんに師事、友禅作家への道に入る。水墨画を学んだ彼女の絵心は友禅の分野でも縦横に生かされた。彼女が単彩の美しさに魅了されているのも、墨一色で豊かな色彩を表現する水墨画の影響であろう。入門後、師も驚く急成長を見せた彼女は、一九七二年に行われた第一回染色作品展で毎日新聞社賞を受賞、翌年の第二回作品展でも引き続き国際モード振興会賞を受賞。同年、三越銀座店において初の個展を開く。二年連続の受賞といい、個展の開催といい、異例のスピードであった。その後の彼女の受賞歴、個展歴を書けばきりがない。

海外でのイベントに力を入れるようになったのは、一九八六年から。スペイン、イタリア、オーストラリア、タイ、フランス、中国、ロシア、シンガポール、マレーシア、ドイツ、スイス、ギリシャ、イギリス等、今日まで開催した「着物ショウ」は余人の追従を許さない内容を誇る。ここには開催国を単に列挙したただけだが、これらのイベントはすべて、それぞれの相手国との入念な打ち合わせと、伊藤さんの一回ごとの創意工夫のはてに行われている。一〇のイベントがあれば、そこには一〇の壮大な物語があることを、賢明な読者の皆さまはご理解くださるだろう。

昨年は、イタリアのナポリ市とボンベイ市の公式招待を受け、国際芸術交流のイベントで会長を務めた。市庁舎のパーティールームで行われた市長主催の歓迎の宴で、全員着物姿の伊藤ミッションは、「着物文化」への情熱を思うさま語ったものである。

新しい創造への架け橋

「勢いをつけたい！」

「未来に向け、世界に向けて、日本の工芸文化を伝えたい！」

伊藤千恵子さんも、このスローガンを掲げたさきの「一八人展」出品者の一人である。

女性工芸士たちは、「一八人展」で掲げた大テーマをいまも継続して追いかけている。もうひとつのケースをご紹介しよう。

博多織に小串華奈さんという三二歳の若き工芸士がいる。彼女の父親が彫刻の前衛作家だったこともあって、子どものころから造形に敏感な環境のなかで育った。沖縄芸術大学工芸科で織りを五年間学び、卒業後金沢美術工芸大学で二年間修士課程を勉強した。金沢美大に進んだのは、沖縄芸大の五年目、専攻科で出会った綴織の指導教授・細見華岳さんから「君には金沢のファイバーアート研究が似合うかもしれない。そこで自由な創作ができるだろう」と教えられたからである。

沖縄での学生時代、小串さんは伝統工芸はどこまで行っても保守的な世界だと思い込み、その点で悩んでいた。伝統にとらわれ、伝統に固執することが評価される世界。だからそこには新しい発見もなければ、冒険もない。自分の選んだ工芸の道で、これから伝統とどうつき合っていったらいいか迷う小串さんに、細見さんの言葉は心地よく響いた。

「伝統というもののとらえ方が間違っていました。それを教えてくれたのが、細見先生です。先生は私に、伝統は静止しているわけではないよと言ってくださいました。今日つくったものが、明日の伝統になる。いまゼロからつくることはとても無理でも、昨日までの伝統があれば新しい創作ができる。伝統とはそういうもなのだと、話してくださった。細見華岳といえば、綴織では押しも押されもしない大家です。その大家が、綴織というまさに伝統そのものの世界で、ご自分の創作活動を自由に楽しんでおられる。たしかに、伝統の枠にとらわれない創作でした。私は頭をがつんと叩かれたような気持ちになったものです」

金沢美大に進んだ小串さんは、そこで第二の師となる関里絵子さんに出会う。彼女は織物をファイバーアート芸術としてとらえ、インテリアデザインの領域にまで広げた女性だった。タペストリー、ランプシェード、壁布など、関さんの創意あふれる作品は、小串さんの織物観をこっぱみじんにうち砕いた。

「伝統工芸は決して保守的な世界ではなかった!」

関さんの指導を受けた二年間、小串さんは自分の選択した道の未来に明確な手ごたえを感じながら過ごすことができたのである。

修士課程を修了後、彼女は郷里福岡に帰って、博多織の組合を訪ねた。第三の恩師となる伴和子さんとの長い関係はそのときから始まる。

若き冒険心がもたらした大きな実り

小串さんに私がお会いしたのは伴さんの紹介による。伴さんの小串評はこうであった。

「工芸の匠はみな伝統へのこだわりをもっている。こだわりをもたない人がいるとしたら、その人は伝統工芸士とは言えません。でも、こだわりから一歩も抜けだせない人には新しい創造はできない。華奈さんは、堂々と抜けだせる人。進取の気性に富んだ、冒険心の旺盛な人」

二〇〇〇年九月、小串さんは単身イタリアのフィレンツェに飛び、その地のリジオ(LISIO)という織物工房で七か月間の修業をしてきた。リジオ工房がいまでも二〇〇年前の織機を使っていることを本で知ったからである。杇見行雄著『フィレンツェの職人たち』(日本交通公社出版事業局刊)という本が、彼女の創作心をいたく刺激した。緯糸も経糸も手織りしている職人がフィレンツェにいると知ったとき、彼女はすぐに行動を起こした。杇見さんに連絡をとり、リジオを紹介してもらって旅に出る。

リジオのイタリア人職人は突然の日本からの若い訪問者に驚いたが、小串さんを好意的に迎えてくれた。それから七か月、彼女はリジオの職人たちと一緒にフィレンツェ織の実習を続ける。二〇〇年、おそらくは数十人の職人たちが使い込んできたであろう織機は、小串さんの心をなごませる不思議な力をもっていた。機の前にすわって杼《ひ》を飛ばしながら、小串さんは何度も二〇〇年の伝統の声を聴いたような気がした。

博多に帰ったその日、彼女は伴さんにフィレンツェでの感動を語った。

「それはもう大変な勢い。この子の話はずっと止まらなかった。目をきらきらさせて、それこそフィレンツェでの一部始終を。何しろ七か月分の話だから何時間もよ」

伴さんはそう言って笑う。

しかし笑った伴さんも、実はそのあとすぐにフィレンツェに出かけたのである。小串さんの止まらない話が、伴さんの匠の心を動かしたのだ。リジオを訪ねた伴さんも、実際に織機をさわってみて小串さんと同じ感動を味わっている。否、小串さんとは比較にならぬほど博多織のキャリアを積んだ伴さんだから、二〇〇年前の織機に出会った感動はいっそう深いものだったと思われる。

さて、この物語にはまだ続きがある。いま、伴さんと小串さんはリジオの職人たちを日本に呼び、博多織とフィレンツェ織のジョイント絹織物展を福岡で開こうと計画している。一八人展を催したアクロス福岡の館長が日伊の交流イベントの意味を評価し、場の提供を快諾してくれたのである。日伊の手技の競演展となれば、伝統工芸ファンにとってこれほど楽しいイベントはめったにないだろう。二〇〇年前の織機、そして二〇〇年前に織られたフィレンツェの絹織物が見られることになる。

小串さんという若い女性工芸士の冒険心が、ひとつの大きな実りを生みだした物語である。

第四章 伝統工芸に吹く新しい風

「伝統的工芸品産業振興協会」スタッフの活躍

財団法人・伝統的工芸品産業振興協会（伝産協会）は、いわば伝統工芸の匠たちの存亡を左右するほどの力をもつ「根拠地」である。この協会があったからこそ四五〇〇余名の匠が結集する日本伝統工芸士会が発会し、そこに女性部会も誕生した。省庁の外郭団体に対する風当たりは強い。税金を無駄に喰うだけの存在はまさしく用無しの一語に尽きるとしても、経済産業省の外郭であるこの伝産協会は別である。数少ない協会職員は、根っからの工芸好きばかりで、通常考えられるサラリーマンの域をほとんど逸脱した活動を行っている。伝統工芸の匠に対して、ビジネスを超えた愛情を示し、きめ細やかな支援を惜しまない。はっきり言って、実に温かいのである。

伝産協会には総務部のほか、指導調査部と企画事業部、工芸品センターの三セクションがあり、指導調査部は伝統工芸士の認定、功労者の褒賞、そして部署名どおりの調査・研究・情報提供を担当している。これらはすべて、工芸士はじめ作り手向けの業務であり、匠たちともっとも太いパイプでつながっているセクションと言える。

対して企画事業部は、工芸品の展示会開催、各種PRなど、使い手側を組織する業務を担う。工芸品センターは、国指定の伝統的工芸品を常設展示し、匠たちの手技の実演や消費者相談、工芸品産地ツアー等を企画する。作り手と使い手の交流をはかる場である。伝産協会設立以来、東京・青山にあったが、二〇〇一年九月から池袋の東武美術館あとに移転、フロア面積を拡大して常設展示がより豊富になるので読者の皆さまに足を運ばれることをおすすめしたい。

陽は射し込んできた!

さて、工芸品を愛し、匠たちの志をたいせつに思い、産業としての基盤づくりに情熱を傾ける五人の伝産協会スタッフにご登場願おう。

はじめに一〇年のあいだ、指導調査部長として工芸士との太いパイプをつないできた丸岡隆之さん。二〇〇一年四月から企画事業部長に異動したが、彼の一〇年の闘いは記録に留めておく必要がある。

一九四二年慶應大学法学部を卒業後、丸岡さんは鉄鋼専門商社に入った。一貫して営業畑を歩き、一二年勤務してから伝産協会に再就職することになるのだが、商社で営業課長まで務めた男がなぜ、伝統工芸に惹かれたのか。学生のころから考古学に興味をもち、インドやメソポタミアの遺跡に心躍らせていたという彼の個性が、商社営業からの転職を決意させたのかもしれない。

考古学に寄せる関心はいつの間にか伝統の手技への郷愁に変わっていった。とりわけ彼が好んだのは茶の湯に使う天目茶碗《てんもく》である。古くより中国浙江省の奇勝、天目山《てんもくさん》で焼かれたと言われる浅いすり鉢型の天目茶碗は、時空を超えて丸岡さんの歴史観を強烈に刺激した。その強い刺激が、彼の伝統工芸に対する愛情の原点になっている。

伝産協会に入った彼は最初の六年を総務課長として過ごし、つぎの六年をセンターで「使い手」つまり消費者と向きあって過ごす。直接「作り手」とふれあう指導部に移ったのは一九九一年であった。このときから彼の一〇年にわたる闘いが始まる。

翌一九九二年、伝統的工芸品産業振興法が改正された。伝統工芸士が正式な国家資格として認定され、資格取得の条件も緩和された。これまでに認定された伝統工芸士の数は五四二六名(現在の登録数は四五三一名)、うち女性工芸士が四七二名である。丸岡さんはこの認定作業のすべてに参画した。工芸士と直接ふれあう機会が急速に増えていく。

丸岡さんはじめ、伝産協会指導部スタッフの努力で、法改正後、伝産協会と日本伝統工芸士会の関係はしだいに強固なものになっていった。毎年行われる工芸士全国大会にも丸岡さんは欠かさず出席し、毎回七〇〇人から一〇〇〇人の工芸士と接触する。

しかし、伝産協会と日本伝統工芸士会が手を携えて共闘する一方で、時代は確実に変化していった。伝産品の需要の落ち込み、伝産従事者の減少が目に見えて顕著になったのである。

「町おこしや村おこしが叫ばれる時代です。地方の活性化がいまほど求められているときはないでしょう。ではなぜ、みんながもっと伝産に目を向けないのか。伝産ほど産地形成をきちんとやっている産業がほかにありますか。町おこしの核として、伝産は位置づけられるべきものだと、私は思っています」

いつも穏やかそのものの丸岡さんが、思いがけないほど強い口調で語った。彼流の穏やかな闘いのなかに、これだけの熱い感情が込められていたのである。

「いま急に売り上げ倍増とはいかないでしょうが、伝産の未来が暗いとは思いません。陽は差し込んできました。後継者問題にしても、若い人たちの積極的参加が目立つようになったし、女性工芸士の活躍にも期待がもてます」

一〇年間の指導部での経験をへて、丸岡さんは自らの不安を吹き飛ばそうとするかのように言う。

「陽は差し込んできた」彼のこの言葉は、一〇年間の闘いの手応えと見ることができるだろう。

二つの「新」を達成したい

二〇〇一年四月から指導調査部長になった秋葉和生さんにご登場いただこう。秋葉さんは一九七六年中央大学法学部を卒業し、新卒で伝産協会に就職した。

伝産法が一九七四年に施行され、それに基づく伝産協会の設立が一九七五年七月である。秋葉さんの入会はその翌年であった。つまり伝産協会第一号の新卒社員だったわけである。以来二五年、日本の伝統工芸が伝産協会の手で組織化されていくプロセスと、秋葉さんの仕事人生は完全にリンクすることになった。

「思えばよい仕事を選んだものです。生活様式が変化し、伝統工芸の需要が落ち込むなかで、どうすればこの〈ものづくり〉の世界を活性化させることができるか。その一点を模索した二五年でした。工芸品は全国各地で産地形成されています。伝統技術にこだわるものづくりの精神は、言ってみれば地域振興の原点となるはずです。国はいまでも伝統工芸を支援していますが、地域振興を本気で推進するためには、もっと積極的な予算組みが必要でしょう。工芸士の側でも、これからはもっと時代に合った商品開発を進めなければいけません。そしてもうひとつが新しい販路の開拓です。私たち伝産協会スタッフのやるべきことはまだまだいっぱいあります」

　秋葉さんはさわやかに決意を語ってくれた。彼の決意表明のなかに、二つの課題が言明されている。すなわち新商品開発と新販路開拓。二つの「新」が達成されれば、間違いなく伝統工芸は息を吹き返し、新しいマーケットをつくりだすだろう。しかしこれほど言うは易く行うは難しの課題はない。本書に序文を寄せられた日本伝統工芸士会会長の梅村晴峰さんも、口を開けばこの二つの課題を語る。極論すれば、これまで伝産行政に携わってきた人たちは一人残らず、このことを語りつづけてきたのかもしれない。だが、それにもかかわらずこの二五年、事態は決して好転しなかった。もとより秋葉さんはそのことを身にしみてわかっている。わかっていながら、それでも言いつづけなければならない彼の苦衷が私に伝わってくる。

　話題が日本伝統工芸士会女性部会の創設におよぶと、彼の表情が一気に明るくなった。開口一番「期待してます。女性ならではの新感覚で冒険が始まるかもしれない。いや、ぜひそうあってほしい！」

伝説となった「名言」

つぎに、伝産協会指導調査部の佐々木千雅子課長である。さきの秋葉さんが新卒で入会したのとは違い、彼女は一九七三年青山学院大学英米文学科を卒業後、ビジネス社会での経験と、教育現場での経験をもつ。ビジネス社会での経験とは自動車関連企業の役員秘書を三年間勤めたことだ。また埼玉県立朝霞中学の英語教師を五年やっている。その後一念発起、ご本人の言葉を借りれば「えいやっと」染織の専門学校に社会人入学した。大塚末子さんの大塚テキスタイル専門学校である。佐々木さん三〇歳の春であった。

　伝産協会に入ったのは同校を卒業したあとである。二年の間だったが、自ら織物ととりくんだ経験があるだけに、匠たちの「ものづくり」にこだわる心情には人一倍深い理解を示す。伝産協会では長いこと、伝産センターで工芸品を鑑賞、あるいは買い求めに来る消費者と直接ふれ合ってきた。センターでは伝産指定の工芸品を常設展示し、販売活動も行っている。センターを訪れる客には女性が多い。彼女は訪ねてくる女性客が、「一歩でも二歩でも工芸品の価値に近づいてくれる」ことを願って、作品を解説し作者の人となりを話した。

「工芸品の作り手のことを知ってもらい、その仕事ぶりや生き方に共感してもらえれば、消費者はきっとその作品に愛着をもてるはずです。たとえば織りの風合いは織り手によって決まります。織り手の力量がそのまま作品に投影される、実はとてもこわい世界です。そうしたことを消費者の皆さんにお話しする。それが、工芸品の生産者と消費者をつなぐ道だと、私は思っています」

佐々木さんはいつも言葉を選んでゆっくりと話す。その穏やかでつつましやかな語り口が聞き手の耳に心地よく響く。彼女とのおつきあいは『日本の伝統工芸品産業全集』を編集したとき以来だが、いつお会いしても彼女の言葉には、工芸品をいつくしむ気持があふれていた。

伝産協会で伝説になっている佐々木さんの言葉がある。

「伝統的工芸品の匠は、使い手とともに成長する。だから消費者のあいだに多くの使い手を育てなければならない」

言い換えれば、消費者が日常のなかで工芸品を使いこみ、その風合い、肌触りを愉しんでくれるようにならなければ、生産者は育たないというのである。彼女の名言は、生産と消費を結ぶ太い絆をつくろうとする問題提起でもあろう。

彼女自身の暮らしは工芸品に囲まれているという。あるときは給料の大半が好きな工芸品の購入に当てられた。目をつぶれば全国一九四か所の工芸品産地でがんばっている匠たちの顔が浮かんでくる。気がかりなことは、いま活躍している匠の手技を次の世代がどう受け継いでいってくれるかという点である。

現在の彼女は「伝統工芸士」認定試験を担当している。この仕事は、「次の世代」づくりにつながっていく。伝統工芸という身体に、いわば新しい血液を送り込む仕事である。毎年の認定試験を実施しながら、佐々木さんは自分の気がかりが少しずつでも解消されていくことを願っている。

「これ以上、頼りになる男は、いない!」

さて、協会スタッフ五人目の登場である。指導調査部次長として、伝統工芸士会女性部会を直接担当している三上亮《りょう》さん。一九七八年岩手大学特設美術科を卒業、新卒で伝統協会に入った。以来二三年間、協会の全セクションを一巡し、「いまの指導調査部は二巡目の担当」だという。伝産法施行以後の伝統工芸界の動向を見続けてきたスタッフの一人である。

二〇〇〇年九月の「第一回女性伝統工芸士展」では、協会を代表して企画段階からとりくみ、出品者の募集から会場設営、オープニングセレモニーのテープカットまで、女性部会の中心メンバーとともに尽力した。参加した女性工芸士にとって、「これ以上、頼りになる男はいない!」スタッフである。この九月に行われる「第二回女性伝統工芸士展」においても、三上さんは全力投球で応援している。

昨年九月、出品した女性の匠が全員集合した打ち上げの席で、三上さんはこう挨拶した。

「女性部会成立までには、実にさまざまなことがあった。それを乗り越えて、きょうの晴れの日を迎えられた女性工芸士の皆様には、言う言葉も見つかりません。おめでとう!」

もちろん彼のスピーチはもっと長いものだったが、同席した私には、この言葉のなかに三上さんの万感がこめられていることがよくわかった。おそらく匠の方にとっても、この言葉で十分だったろう。語る三上さんと、聞く匠たちの間に、「ようやくここまで来た！」という熱い感慨が交流した。

女性部会誕生までの道のりが決して平坦ではなかったことを、その場にいる全員が思い返した瞬間であった。ここに至るまで、協会スタッフの面々はそれぞれの持ち場で協力し、とりわけ三上さんの前任であった指田《さしだ》京子さんが尽力してきた。私の取材に応えた三上さんの発言によれば、

「指田さんが敷いてくれたレールの上を私が走った。そして何よりも、伴さんはじめ女性工芸士の自発的な活動実績がなければ、女性部会の成立も、昨年の第一回イベントもなかった」

ということになる。彼の言う女性工芸士の自発的活動とは、一九九七年福岡で開催された「女性伝統工芸士六人展」と、その二年後に行われた京都での「女性伝統工芸士九人展」を意味している。一九九七年の六人展は、女性の匠が自主的に開いた最初のイベントであった。このとき協会スタッフとしてこの先駆的イベントに協力したのが伝産協会指田さんであり、日本伝統工芸士会を代表してエールを贈ったのが梅村春峰さんである。

大学で美術を専攻した三上さんは油絵を描き、環境デザインに造詣が深い。美を追求する匠の気持ちをご自身で持ち合わせている。それだけに伝統工芸の未来を拓こうとする思いは強い。女性の匠の活動がその突破口を開いていけるよう、協会スタッフとして精力的な努力を続けている。

「二一世紀の生活文化」に溶け込める工芸品を

指導調査部の年度事業である「伝統的工芸品産業功労者褒賞」について。

二〇〇一年三月、東京日本橋のロイヤルパークホテルには、平成一二年度の功労者六六名が集合していた。功労者には伝産協会から表彰状が渡され、それぞれ功労褒賞金一〇万円が贈呈される。

役所の表現を借りれば、この褒章制度の目的は「技術の向上、後継者の指導育成等、産地の振興に指導的役割を果たしてきた方の功績を顕彰することにより、その多年の労に報いる」ことにある。褒賞金等の経費はすべて国の伝産行政予算から支出され、工芸士にとってはそれなりのインセンティブとなる制度だが、ここには注目すべき点がいくつかある。

第一、功労者には匠だけでなく、産地組合の運営に功あった人や販売・営業面で功あった人も対象になっていること。

第二、国の指定産地だけでなく未指定の小規模産地も対象になっていること。

第三、今年受賞した六六人中、女性が四人しか含まれていないこと。

はじめの二点はプラス評価されてよいが、第三はマイナス評価せざるを得ない。

伝統工芸の世界が実態以上に男社会、あえて言えば男性優位の世界であることを、はしなくも露呈している。このあたりに、制度運用面での課題が残る。

しかし、今回の受賞式では、受賞者を代表して大阪《おおさか》錫器《すずき》の今井崇子さんが挨拶した。代表に女性が選ばれたのは初めてである。

今井さんは、錫器の名工と言われた夫とともに大阪錫器の普及に五〇年近く努力されてきた方で、夫亡きあとは二人の息子さんを立派な伝統工芸士に育て、産地をみごとに維持している。以前、私が取材に伺ったときも、兄弟伝統工芸士となった息子さんたちと一緒に、伝統工芸の未来を語り、とりわけ錫器のマーケット拡大を熱く語ってくださった。産地組合の運営にはまさしくなくてはならぬ人である。

代表挨拶に立った今井さんは受賞の喜びと感謝の言葉を述べたあと、産地振興に向けての決意をこう語った。

「現在の伝統工芸は、二〇世紀後半の急激な社会変化のなかで困難な経営を強いられています。気候風土の特性を踏まえ、知恵を生かしたものづくりに研鑽を積みかさねてこられた諸先輩の恩恵をもってしても、足場を失いそうな不安を抱いています。こうした状況下で、日々の暮らしに溶け込み、愛しんで使っていただいている伝統的工芸品をいま一度見直し、二一世紀の生活文化のなかに溶け込める工芸品づくりにとりくむことが私どもの使命です」

この今井さんの決意表明には、明らかに「第一回女性伝統工芸士展（一八人展）」に集まった女性の匠たちと共通する危機意識が流れている。彼女は、「二一世紀の生活文化に溶け込める工芸品」という表現で、「未来へ」そして「世界へ」を語ったのであろう。功労者授賞式の場において、彼女が自分の言葉で危機意識を表明したことは意義深い。

国際化にとりくんだ人たち

ここまで、伝統工芸を行政面から支援・指導する伝産協会スタッフの活動のごく一部を紹介してきた。悪評高い財団のなかにあって、伝産協会の果たす役割は掛け値なしに評価できる。

伝産協会は限られた予算の制約のなかで、海外戦略をアウトソーシングで展開した。この戦略推進のキイパースンとなったのが、横山祐子さんである。

二〇〇〇年九月の「一八人展」のスローガンは、「世界へ」そして「今日より明日へ継ぐ」であったが、伝産協会もまた日本の工芸文化を世界に広めようと、すでに一五年前から独自の国際戦略を展開していた。そして一九八七年には、伝産協会の国際戦略を推進する母体として「伝統的工芸品国際化研究会」が立ち上げられる。この研究会は、伝産協会初代の専務理事・兼崎俊一さんの手で組織され、会員には西陣織をはじめ京友禅、輪島塗、内山紙、土佐和紙、木曽漆器、岩谷堂箪笥、高岡銅器等、錚々たる伝統工芸産地の協同組合長クラスが名を連ねた。会長には川島織物社長・川島春雄さん、ついで西陣織組合の加納治郎さんが就任、のちには日本の「ものづくり文化」に多大な影響を与えた栄久庵憲司《えくあんけんじ》さんが就任した。毎年、ロサンゼルス、ニューヨーク、フランス等への視察ツアーを実現している。

この視察のコーディネート役を勤めたのが横山祐《ゆう》子《こ》さんである。政治家や役人の視察旅行が、ともすれば視察の名を借りた観光旅行になりがちなことが指摘されるなかで、この伝統工芸ツアーは正真正銘、日本の工芸品をトランクに詰め、訪問さきで堂々とPRにつとめるという真面目なものであった。横山さんは視察さきの工芸品生産者、デザイナー、流通関係の人たちへのアポ取りから意見交換の場での通訳まですべてをこなした。のちにこの会は「伝統工芸国際フォーラム」へと発展し、彼女は同フォーラムの事務局長を務めている。

横山さんは神戸女学院英米文学科を卒業以来、一貫して日本の伝統文化を海外に伝える仕事に従事してきた国際派ビジネスパースンである。語学に堪能、ボルドリッジ流マナーに通じ、米・欧の知識人と交流を深める彼女の存在は、きわめてドメスティックな色彩の強い工芸業界のなかにあってひときわ異彩を放つ。大学の卒論にオールダス・ハックスレーをとりあげたことも、彼女の自由奔放な生き方の原点になっているかもしれない。

卒業後、ティファニー&カンパニー社の日本代理店に勤務、有田焼を中心に陶磁器のアメリカ向け商品開発に従事したが、現地での直接活動が必要だと痛感して一九七二年渡米。ニューヨークのティファニー本社で研修を受けた後、日本企業の出版、広報関係の仕事を一〇年続けた。こうした彼女の経歴が、伝産協会の海外戦略推進に大きな役割を果たすことにつながったのである。

横山さんはいま、伝産協会のホームページ(英語バージョン)の編集制作にとりくんでいる。三年前に立ち上がったホームページの内容が古くなったので、コンテンツを最新のものに入れ替え、全面改定する予定だ。

伝産協会設立とともに専務理事に就任し、一五年間伝統工芸産地のネットワーク化、そして海外への紹介に全力を傾けた兼崎さんは、日本の「伝産」を甦らせた立て役者として伝説の男となっているが、この兼崎さんと横山さんのタッグマッチが「国際化研究会」の活動を濃密なものにしたことは間違いない。

私事にわたるが、ダイヤモンド社から刊行された『日本の伝統工芸品産業全集』の英語版は、兼崎さんと横山さんの尽力によるところが大きい。ちなみに同全集は、伝産協会監修のもと、犬丸直（現在芸術院会長）・吉田光邦（当時京都大学名誉教授）両氏を編者に迎えて編纂された。学者の立場で日本の伝統工芸をもっとも深く理解し、伝産行政のご意見番的役割を担っておられた吉田光邦さんには、全集に収録された工芸品の全分野について詳細な解説を書き下ろしていただいたが、最後の著者校正を病床ですませたあと亡くなられたことを付記しておく。

全集の編集過程において伝産協会の兼崎さん、丸岡隆之さん、佐々木千雅子さん、指田京子さん、そして日本伝統工芸士会会長・梅村晴峰さん（当時梅村さんは工芸士会の事業部長の任にあった）のご協力をいただいたことは言うまでもない。

第五章 開かれた未来

「意外に」元気、「意外に」陽気

伝統的工芸品の生産・流通に携わる人、あるいは伝産行政に身を置く人たちの輪を「伝産サークル」と呼ぼう。伝産サークルはいわば伝統工芸の世界の専門家集団である。私の取材はいきおい、このサークルの人たちに集中した。取材の過程で私が感じつづけてきたことは皆さんが「意外に」元気で、「意外に」陽気だということであった。

「意外に」と書いたのは、私自身の先入観が誤っていたことを明らかにしたかったからである。需要の落ち込み、従事者の減少、販路の閉塞性等、伝産をとりまく環境は決して順風ではない。見方によっては、先端技術の躍進のなかで、伝統の手技にこだわる工芸の世界は激しい逆風にさらされているとも言える。

こうした環境下で、伝産サークルの人たちがこれほど元気、これほど陽気でいられるわけはない。私は勝手にそう思いこんでいた。しかし匠の方たちにお会いするうちに、私の思いこみがおよそ見当はずれのものだったことがよくわかった。うれしい誤解である。

同様なことは農業の世界でも言える。周知のように、農業もまた新規就農者の減少、とりわけ新卒で就農する若者たちの激減（昨年の新卒就農者は二〇〇〇人を割った）という問題を抱え、伝産と似た意味で逆風にさらされている。ここ数年は定年を迎えたビジネスマンのあいだに大地に還って土といそしみたいという人たちが増え（いわゆる定年帰農者は年間六万人に達した）たというが、若者の農業志向が停滞している現実は変わらない。産業効率を追求する経済界の一部からは、日本農業お荷物論が出てくる始末である。もちろんこの見解のなかでは、農がはたしている国土保全、環境維持等の重要な役割は意識的に無視されており、その意味では農業つぶしの「ためにする」議論であるということもできよう。だが、農のはたす文明的役割を見ずして、人の住む豊かな社会がどうつくれるというのだろうか。

こうした逆風吹きまくる農の世界で、私は陽気に闘うたくさんの農業者に会ってきた。ここでも「意外」なほどに、彼らは元気そのものであり、逆風をはね返す活力をみなぎらせていたのである。

食べ物と生活用品をつくる第一次、第二次産業がすべての産業の原点であることは言うまでもない。しかし高度経済成長このかた、一次産業から二次へ、そして三次、四次へと進む産業の高次化が善だという幻想がまかり通ってきた。高次化によってより大きな付加価値が生みだされる。平たく言えば、儲けが大きいということだろう。たしかに一面の真理であり、一面の善ではある。ただし、その一面の善を追求するあまり、一次、二次産業をおろそかにしていいという論理は成り立たない。

かつて、農の世界に限りない愛情をそそいだ岩手の思想家、大年羅良さんは『ものいわぬ農民』という名著を書いた。もの言わぬ農民が、いま、全国各地から堂々の主張を発信している。いずれも、形骸化の危機にある「ものづくり」の文化を誰が支えるのかという、自信に満ち、創造力の横溢した発言である。

伝産サークルからも、こうした創造的発言が続々と出てくることを期待したい。なぜなら、伝産の匠こそ、ものづくりのまったき当事者なのだから。

出てこい！跡を継ぐ若者たち

さて、伝産の後継者づくりのことに入る。伝産サークルの人たちが、口を開けば必ず一度は話題にする古くて新しい問題である。この問題を、たとえば伝産従事者数の変遷というようなデータで語っても、本質は何も見えてこない。そこで、京都の伝統的工芸品・京繍の女性伝統工芸士である下司喜三子さんの「教室」を取材しながら、伝産のたまごたちの気概を探ってみようと思う。

「下司京繍教室」は一九九八年一月、東京で開かれた。前年銀座松屋で行われた下司さんの個展を見た人から、ぜひ東京に通って教室を開いてほしいと言われ、「あとつぎ」を育てなければと思っていた彼女の心に火がついた。さっそく場所探しが始まり、翌一月には八重洲と虎ノ門の二か所で念願の教室がスタートする。八重洲教室はビル内の貸し部屋だが、虎ノ門教室は丁子屋《ちょうじや》という一〇〇年の歴史をもつ呉服屋さんで開かれている。経営者の吉井恭子さんは、下司さんが着物文化の最高の理解者として信頼し、二五年のつきあいをしている人で、教室のために快く場所を提供してくれた。

月に二回、下司さんの東京通いが始まる。新幹線代はもちろん自弁。東京での宿は、これも丁子屋の吉井さんが自宅の一室を提供してくれた。下司京繍教室が今日まで二年半続いた陰には、吉井さんのビジネスを度外視した支援と協力がある。

ビジネスといえば、下司さんにとっても教室は本業の埒外にある。わずかな授業料では、経費を捻出するのがやっとだからだ。毎月二回の四日間、本業の合間をぬって京都から東京に通う下司さんを、「京繍の伝統を受け継ぐ弟子を育てたい！」の一念だけが支えている。

日本の伝統工芸の刺繍部門では、京繍と加賀繍の二つだけが国の伝統的工芸品に指定されている。両者あわせて、現在の伝統工芸士は五〇人しかいない。下司さんは夫の和章さんと二人三脚で創作活動を続けながら、京繍の未来について数えきれぬほど議論をくり返してきた。このままではいけない、ではどうするのか。二人の議論の行き着くさきは決まって「出てこい！　跡を継ぐ若者たち」だったのである。だから、妻が東京で開いている「教室」への和章さんの理解は深い。吉井さんの協力があり、下司さんの決意がいかに堅いものであっても、夫の理解なくして教室の継続はなかったはずである。

「教える哲学」と「匠の精神」

その日、東京虎ノ門の丁子屋ビル九階の和室には二〇代から六〇代までの八人のお弟子さんが集まっていた。刺繍台の前に正座し、刺繍針をせっせと動かしている。いや、正確に言えば、せっせと動かしている人、まだおぼつかない指つきで一針一針丹念に刺している人さまざまであった。刺繍は指先の技である。だから指の皮膚が柔らかくなければならない。ささくれだった指は論外、分厚い皮膚も刺繍針にはなじまない。取材のおり、私は下司さんの指を見せてもらって、その柔らかさに驚いたことがある。家事をするときも、スポーツをするときも、彼女は指の皮膚が厚くならないよう細心の注意を払うと言った。それが、「繍師《ぬいし》」のプロ意識なのである。

それほど指先の感覚がたいせつな作業だから、教室に入って間のない弟子に、せっせと運針することなどできるはずもなかった。

修業期間に差のある弟子たちは、それぞれの力量に応じて自分の作品に打ち込んでいた。静寂のなかに、ぴんと張りつめた空気がある。ときおり師の注意が飛び、弟子たちの質問があるが、あとは私語ひとつなく、全員が刺繍台に目を落として針を持つ指先に神経を集中させている。

自分の着物に新たな刺繍をほどこしている人、帯に鱗文様を繍っている人、絹地のハンドバッグに亀甲、小槌、七宝等の繍い文様をつけている人がいた。挑戦している作品はこの秋、丁子屋の店頭で発表される。

師の口癖になっている言葉に「繍針に命をもたせて」がある。その域に達するには最低でも一〇年の歳月を要するだろうが、弟子たちは言葉の真意に迫ろうと研鑽にはげむ。手技の上達ももちろん大事だが、匠の精神を理解することがもっと大事だという のが、下司師匠の「教える哲学」なのだ。だから教室に入って二年半の弟子も、数か月前に入ったばかりの弟子も、その遠い目標に向かって真剣勝負する。

一時に始まって七時まで、六時間の授業が終わった。弟子たちは自分の刺繍台や撚《よ》り棒という刺繍糸を撚り合わせる道具をしまい、師を囲んで正座した。師とのあいだで、その日の指導内容が確認され、次回までの宿題がだされてから、弟子たちはきちんと師に礼を述べる。教え、教えられる両者の真摯な気持ちが、同席した部外者の私にもここちよく伝わってくる。弟子たちが、師のなかにある「匠の精神」に敬意を払っているからだろう。

「最先端の流行」に挑戦する工芸士のたまご

下司さんの弟子のなかからお一人だけご登場願おう。飯田通子《みちこ》さんは、福岡から通っている二八歳の若い弟子である。昨年九月に福岡で行われた「第一回女性伝統工芸士展」を見に行って下司師匠に出会った。

当時から彼女は刺繍の勉強をしていたが、下司さんの作品を見て圧倒され、即座に弟子入りを志願。以来航空券の特割を利用し、刺繍台と撚り棒を背に、東京まで通っている。撚り棒のさきには太い釘の尖ったほうが突き出ている。知らない人が見たら、というより私も含めて撚り棒を知っている人などほとんどいないだろうが、この道具はいかにもぶっそうな形をしたしろものなのだ。若い女性がこんな棒を背負っているのだから、空港のチェックに引っかからないほうがおかしい。彼女が何度となく空港係員に道具の説明をくり返し機乗を許されてきたことは、下司教室の笑い話になっている。

彼女は東京の文化女子大で服装社会学を学び、大学院に進んで卒論に「腕時計と服装の関係」という興味深いテーマを選んだ変わり種である。副題には「トータルファッションにおける腕時計について」とある。うそだろう、少し奇をてらいすぎているんじゃない？と、実は私も思った。しかし話を聞いてみると、彼女はまさしく大真面目。奇をてらうどころか誠実そのものの考え方をしていることがよくわかった。卒論の内容を紹介する余裕はないので先へ進むが、彼女がつねに身のまわりの事象から考えを広げていく、つまり等身大の発想を心がけている人で、それがこの卒論にもあらわれているということだけ述べておこう。

服装社会学を学んだ飯田さんがなぜ、着物の世界に入ったのか。彼女はサラリーマンの家庭に育ったが、祖母と母がいつも着物を着ていたことが忘れられなかった。小学校の入学式の日、母が着ていたピンクの着物を、彼女はいまもよく覚えている。女性もののスーツやコートなら、デザインから縫製までやれる自信はあっても、日本の伝統衣裳である着物の知識はまったくない。大学院を出て福岡に帰った彼女は、塾の教師をしながら自分の進むべき道を考えつづけた。そして、着物に美しいデザインをほどこす刺繍に興味を抱き、地元の先生について勉強を始めた矢先に、下司作品と出会ったのである。

「ずっと、私は自分の足で歩きだすことを考えていました。洋服も時計も、トータルファッションとして見れば楽しい対象です。ならば着物も同じでしょう。最先端の流行がどこからつくられるのか、それを追求するのが私のテーマです。そのテーマを、着物の世界で追いかけてみたい。下司先生にお会いして、やっといま自分の足で歩く道が見えてきたような気がします」

この話を聞いて、下司さんが彼女の若い感覚を買っている理由がわかった。伝統工芸の世界に、「最先端の流行」を志向する発想が出てこようとは、私も思わなかった。その驚くべき前衛性には脱帽である。

下司さんは飯田さんの目を「一途な目」と評した。一途な目で、最先端のファッションを追求する若い女性工芸士がいずれ誕生する。下司師匠はその日を待ちながら、教室に集う弟子たち一人ひとりの個性を育てている。

次世代づくりへのとりくみ

本章では下司さんの教室を取材して、次代を担う若いたまごたちの意見を紹介したが、後継者育てにとりくんでいる匠は、もとより下司さんだけではない。否、一〇〇人の匠がいれば一〇〇人とも、事情の許すかぎり工芸の道を継ぐ若い世代を待ち望んでいる。

これからご登場いただく一二人の女性工芸士も、次世代育てについては並々ならぬ情熱を傾ける。「今日より明日へ継ぐ」の旗を掲げ、工芸品業界の革新に打って出たほどの強者ぞろいだから、地域における活動に熱が入るのも当然だろう。私が知っている範囲内だけでも、たとえば代表の伴さんは小串華奈という アドベンチャー精神旺盛な弟子を育てあげ、下司さんと共に副会長を務める伊万里焼の青木妙子さんは、家族で経営している虎仙窯で若い陶工を育てている。また、博多人形の重鎮となった井上あき子さんはご自身の子どもたちを評価の高い名工に育て、集まってくる若者たちに優しく人形づくりの道を語る。今年五月、東京・青山の伝産センターで行われた博多人形特別展で、ご子息井上栄和さんは審査員賞を受賞した。

全国一の筆の里、広島県熊野町には書を志す人たちが集まる「筆の里工房」がある。この工房に常設された筆づくりの実演会場で、週に五日欠かさず「この道四〇年」の手技を披露しているのが伊原木嘉世子さんである。筆の里工房を訪れる人に、彼女は筆づくりを実演して見せながら、筆の文化を説明している。一人でも多くの人に書に親しむ気持ちをもってもらいたい、ボールペンでもサインペンでもない和の筆の味わいを知ってもらいたい。その一念が、伊原木さんの心を駆り立てる。筆の需要が高まれば、筆づくりを志す若者も増えると思うからだ。

西陣の岡山武子さんは、夫とともに経営する岡山工芸で織りの匠を育てる。注文生産をこなすなかでのオン・ザ・ジョブ・トレイニングだ。仕事を通じて手技を身につけた匠たちは岡山工芸を去り、独立して自分の作品づくりに挑戦していくが、夫妻はそのことをむしろ喜んでいる。弟子の成長と見るからである。

山中漆器の大下香苑さんの場合は、娘さんを蒔絵師としてデビューさせる。大下さん夫婦も、ともに蒔絵の伝統工芸士として工房を支えている。両親の仕事を見て育った娘さんは、いつからか自然に絵付けを手伝うようになり、いつからか、これもごく自然に修業に身を入れるようになった。

本書にご登場いただく匠は、たまたま夫婦そろって伝統工芸士であるケースが多い。京繍の下司さん、西陣の岡山さん、東京手描友禅の上田さん、博多人形の井上さん、京くみひもの梶さん、そして山中漆器の大下さん皆しかりである。夫婦で同じ道を歩くことは楽しくもあり、また苦しくもあるはずだ。「楽」は言うにおよばぬが、「苦」は、互いの気持ちがわかりすぎてしまうことから来る葛藤である。取材の過程で、私は夫婦のあいだで交わされた議論の数々を知った。意匠・デザインをめぐる葛藤、手仕事か機械化かをめぐる葛藤、跡継ぎをどうするかという葛藤、伝統へのこだわりをめぐる葛藤、数えあげればきりのない「葛藤」が夫婦のあいだに横たわる。

しかし彼らは、みごとなまでに葛藤を乗りこえてきた。なぜならそれは、彼らが同じ方向をめざしながら、実は別々の道を歩いているからである。練いの道、織りの道、染めの道、人形の道、組みの道、塗りの道と、それぞれの道は一方向を向いているが、作品づくりはひとつではない。夫も妻も別の道を通って目的地に到達する。

自立した匠が、一人ひとり「私の道」をもっていることに気づいたとき、私は彼らが山ほどある葛藤をクリアしてのけた秘密を理解した。夫婦であってもつくる作品は別々、意匠もデザインもその人だけのオリジナルであった。

これが、匠の精神であろう。だからこそ、跡を継ぐ新世代の育て方も一様ではない。工芸の手技を修得するだけでは後継者たりえず、そこから「自分の道」を発見してくれなければ困るのである。

閉塞性の打破をめざす青年ネットワーク

自分の道を発見し、力強い一歩を踏みだした中堅どころの匠がいる。梶力《かじつとむ》さん。京くみひもの梶操さんのご子息である。操さんは三〇年前から「梶くみひも教室」を開き、多くのくみひも師を育ててきた功労者だが、ご自身の跡継ぎもまた立派につくりあげた。

力さんは一九五七年生まれの働きざかり。みんなで同じ道を行く式の平穏無事、安寧を求める生き方を拒否し、「京くみひもの伝統」と「新時代のくみひもづくり」のはざまに自分の道をつけた。精悍な顔にこわもての髭をのばした好漢である。八年前、父が遺した会社「昇苑くみひも」を継ぎ、手組みの作品は母に任せて紐機を導入、くみひもの工場生産を軌道に乗せた。周知の通り、帯締めや羽織紐など、くみひもの代表選手であった製品の需要が大幅に減っているなかで、会社を維持していくのは容易なことではない。力さんは父母のアイデアでもあったループタイやキイホルダー、ネックレスなどの飾りものなどを手がけ、最近は携帯電話のストラップを発売した。色彩豊かなくみひもでつくられたこの新製品は、時流に乗って思いがけない大ヒットとなる。本業はもちろん帯締めだが、「紐の用途は中世の武具・馬具に使われたころから、生活のあらゆるところに活用できる。時代に合った製品化はいくらでもできるはずです」と、意気軒昂である。

くみひも師の修業に入る前、彼は東京で写真の専門学校を卒業。プロのカメラマンへの道をめざしていた。写真や映画の現像所でフィルムを焼き付ける毎日が続く。感光した像が浮き出てくる瞬間を見つづけるうちに、突如としてものづくりへの渇望感に襲われた。ならば父母が心血注いでやっているくみひもの道だろう。こうして冒険心にあふれた工芸士が誕生する。

彼はいま、京都の「伝統産業青年会」を組織し、交流委員長を務めている。青年会は四五歳までの伝統産業に従事している人なら誰でも入会できる組織で、現在六〇〇人の会員ができた。伝統産業の「伝統」の意義が問い直されている今日、新時代を見通せるだけの柔軟な発想が培われれば、彼らのネットワークが果たす役割は大きい。

「業界の閉塞性を打破したい。青年会のネットワークが広がれば、きっと可能になります」

力さんの確信に満ちたこの発言が、伝統工芸の陽気な未来を暗示しているのではないだろうか。

【第二部】

「二人の匠」それぞれの冒険――

新しい伝統美をつくる!

写真＝根岸聰一郎

「冒険者」の夢には果てしがありません。登山家は次々に高山・深山・秘境をめざし、哲学者は思索の世界の深淵へと身を投じ、そして匠たちは「ものづくり」という険しい道を前にして、決してひるむことなく歩きつづけます。

かつて伝統工芸は、それが「伝統」という保守の世界の産物であったがゆえに、「冒険」とは縁なきものと思われていました。ところが、本書でご紹介する一二人の女性の匠は、「えっ？　これが伝統工芸士の発言？」と思ってしまうほど、アドベンチャー精神旺盛な方ばかりです。ときには伝統の枠を突破する気概をもち、「自分の道」へのあくなき追求を続けます。それでいて彼女たちには、いわゆる求道者のストイックなところがまったくなく、取材のあいだ、どなたのところでも陽気な笑いが絶えませんでした。

一二人とも、一騎当千の方たちばかり。その自信と誇りが、底抜けな陽気さとなってあらわれているのかもしれません。芝居で言えば、主役級ぞろいです。

ここでは五〇音順に登場していただくことにしました。

伝統の里から、新しい冒険がはじまる！

伊万里・有田焼❖青木妙子

——あおき　たえこ——

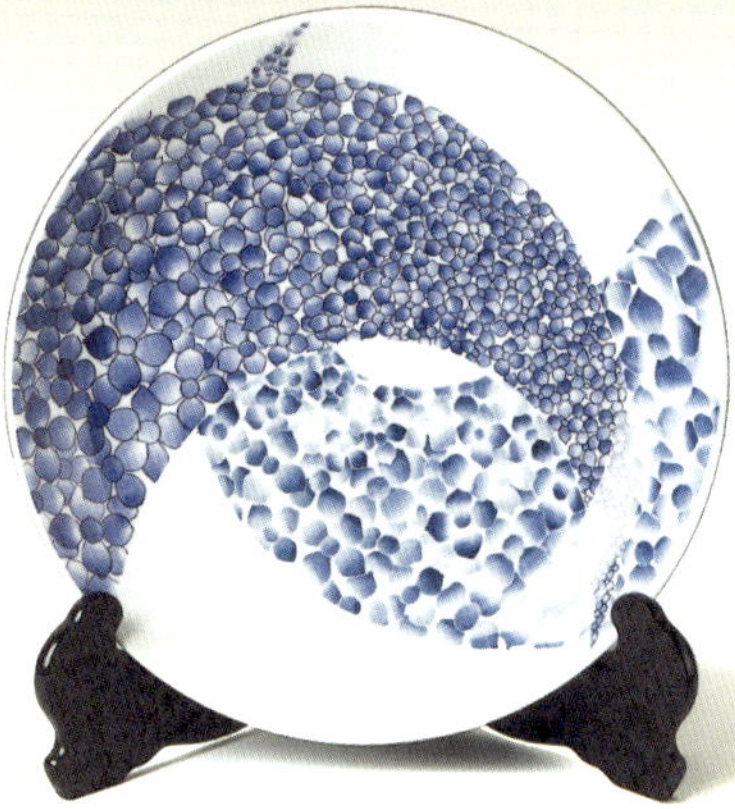

紫陽花《あじさい》文様大皿

❖

青木妙子さんの祖先は、鍋島藩の藩窯を支えた名工で、代々伊万里の色鍋島を焼きつづけてきた。兄弟とともに「虎仙窯」を主宰する彼女は、とくに草花文様の絵付けを得意としている。なかでも桜花を染め付けた「たえこ桜」の人気は高い。

ものづくりの背景に「千年のドラマ」がある

陶磁器や漆器、織物や染物など、伝統工芸品はすべて千年の歳月をかけて、たいせつに育てられてきたものばかりである。

どの作品にも、数えきれない名工たちの創意工夫がこらされ、一〇〇の成功があれば、その裏では何倍もの数の失敗がくり返されてきた。今日、工芸の世界に見られるそれぞれの発展は、こうした無限ともいえる努力の果てに培われてきたのである。その意味で、ものづくりの背景には「千年のドラマ」があったと言うべきだろう。

時代は移り、伝統の技も質的、量的な変化のときを迎えている。

ＩＴ（情報技術）やバイオテクノロジーをはじめとする新技術の躍進のなかで、人間本来の手技《てわざ》にこだわる伝統技術が、これからどんな新機軸を打ちだしていくのか。それが、伝統工芸の世界に課せられた緊急テーマになることはまちがいない。

伝統の手技に目をこらす若者たち

二〇〇〇年秋。二〇世紀最後の収穫の季節に、工芸の分野でも画期的な大収穫があった。それは、全国各地から一八人の女性伝統工芸士が一堂に会し、広い会場ところせましとばかり自信の作品を展示した「第一回女性伝統工芸士展（一八人展）」である（第一部を参照してください）。会場となった福岡市のアクロス福岡・交流ギャラリーは、七日間の会期中、工芸の心を知ろうとする老若男女でにぎわった。訪れる人に年輩者が多いのは当たり前だが、私の見た二日間、驚くほど若者の姿がめだった。会場で実演される京繍《きょうぬい》や西陣の爪掻き綴織、絞染の手技に若い恋人たちが目をこらしている。

先端技術ばかりがもてはやされる時代に、若い世代の人たちがこれほど熱心に伝統工芸を見ていることに、私は奇妙な感動を覚えた。

ここから、なにかが始まるかもしれない！　工芸の未来を予感させてくれるような、迫力に満ちたエネルギーがあった。なにより女性たちの手で、この一大イベントが計画されたこともうれしい。会のスローガン「今日より明日へ継ぐ」も、参加した一八人の積極的な意志をあらわしている。

伊万里の青木さんに登場していただく前に、もう少しだけこの展示会の迫力に触れてみたい。なぜなら青木さんは、このイベントを実行した女性伝統工芸士の会の副会長を務めるリーダーなのだから。

殻を打ち破って、冒険を楽しむ工芸士

「千年のドラマ」と、私は書いた。この千年のあいだ、ドラマを演じた主役はほとんど男性である。伝統工芸の世界もまた、長いあいだずっと男社会であったのだ。今回の女性工芸士会の旗揚げは、「どっこい女たちも、がんばっている！」ことを満天下に表明したことになる。

女性工芸士といえば、通常のイメージはまず優しさであり、そして繊細さであろう。優しくて繊細といった、女性の感性を代表する形容でたいていは片づけられる。しかし、一八人の作品は、そうした既成の概念を完全に打ち破る力をもっていた。私は、どの作品にも冒険を見たような気がする。

もとより伝統工芸は、数世紀にわたる伝統技術の伝承によって支えられている。したがって、伝統工芸士の資格を得た職人たちは、文字どおり伝統を重んじながら創作活動を続けることになる。

そこに、落とし穴がある。伝統に固執しすぎると、過去の名工の真似に陥りやすい。新しい挑戦が影をひそめ、冒険がなくなる。

ところが、一八人の女性たちは、まるで申し合わせてでもいたかのように、それぞれの冒険を楽しんでいた。私にはその冒険心ゆたかな作品群が、新しい世紀の工芸のあり方を暗示しているように見えたものである。

轆轤《ろくろ》成形された壺

儚き桜花に魅せられて

伊万里焼は、お隣りの有田焼とともに佐賀県鍋島藩の藩窯《はんよう》として栄えた歴史をもっている。伊万里も有田も、約四〇〇年前から青磁・白磁を焼きつづけ、今日では世界に冠たる磁器の産地となった。

　伊万里を代表する色鍋島《いろなべしま》は、独特の呉須《ごす》（青藍《せいらん》色の顔料）の下塗りに赤・黄・緑で花模様の上絵をほどこす焼物である。

　青木妙子さんは、福岡での女性伝統工芸士展で「桜樹文様尺三皿《おうじゅもんようしゃくさんざら》」「あざみ文《もん》様金彩大鉢《ようきんさいおおばち》」「青磁絵違い小鉢」などを展示した。桜樹文様尺三皿は、桜花を上絵にした直径一尺三寸の大皿。伊万里の町にある樹齢八〇〇年の桜樹、明星桜《みょうじょうざくら》をモチーフにした作品である。明星桜の前に立つとき、青木さんの心は震える。この老樹は、八〇〇年という気の遠くなるような歳月をその地に立ちつづけ、時代の移り変わりを見てきたのだ。桜花は一瞬にして散ってゆくが、桜樹は数世紀を超えて生きつづける。毎年春の開花を待ちながら、青木さんはいつも生命の不思議を思う。青木さんが桜をもっとも好んで描くのは、このあたりに理由があるのかもしれない。

　桜の話になると、青木さんはとたんに雄弁になった。

「満開の桜も、散ってゆくときの桜も、同じくらい好き」と言ったあと、彼女は蕩々と桜談義を始めた。私が話題を変えなければ、話はどこまでも続いていただろう。咲き乱れる桜と散る桜、そこに彼女は人生を二重写ししているようであった。

……油絵をさらりと捨てた上絵師の美意識

幼いころから絵が大好きだった青木さんは、高校美術部でめきめき腕を上げた。一時期、油絵に傾倒し、彼女の大胆なデッサン力は先生も認めるところとなったが、途中で油絵をあっさりとやめている。なぜか。

「油絵は絵の具をいっぱい塗りかさねていくでしょう。そのコテコテした感じがいやになったの。たとえば桜……あら、また桜の話になっちゃった」と言って、彼女はにこっと笑い、話しつづけた。

「桜にはコテコテ感なんてまったくないでしょう。薄いピンクか濃いピンクかの差はあっても、花全体に淡彩の爽やかさがある。花はシンプルに描いたほうが清々しいと思うのね。特に焼物の上絵には、塗りたくる油絵は似合わない」

この淡彩の美しさを求める気持ちが、青木さんの美意識の根底に横たわっている。

さて、つぎの作品は「あざみ文様金彩大鉢」。ここには青木さんの冒険心がはつきりあらわれていた。大鉢だから冒険だというわけではない。上絵にほどこされた金彩が、彼女の挑戦を示している。伝統的な色鍋島には金はめったに使われない。めったに使われない金を、彼女はこの作品で大胆に活かして見せた。

「伝統はたいせつ。でも伝統の殻に閉じこもっているだけでは息が詰まるから」

うれしい言葉であった。私も賛成である。創造の仕事はつねに、殻を打ち破るところから始まるものだろう。伊万里の色鍋島が、描かれる絵柄も色もずっと定形のままだとしたら、そこから二一世紀の創造は生まれるべくもない。「青磁絵違い小鉢」は、愛らしい作品である。五枚ぞろいの小鉢に水引き草、菖蒲《あやめ》、椿、梅、水仙の花が色とりどりに、しかし、ごくひかえめに描かれている。青磁そのものの美しさを際立たせているのだ。上絵の自己主張が強い青磁もときには圧巻だが、小鉢のような日常食器には似合わない。絵が、そこに盛られる料理とけんかしてしまうからだ。このあたりのかねあいを、青木さんの作品はいわず語らずのうちに表現している。油絵をさらりとやめた彼女独特の美意識が、こうした絵付けに反映している。

あざみ文様金彩大鉢

［上］桜樹文様尺三皿
［下］青磁絵違い小鉢

人の和をつくり、進取の精神を生む「窯」

青木さんは三人姉弟の長女である。二人の弟とともに、父の開いた「虎仙窯《こせんがま》」を支えてきた。父の川副為雄《かわぞえためお》は、いま七八歳。鍋島藩の陶工士六人衆の一人だった川副蔵之助の末裔で、一九六三年に開窯した虎仙窯は伊万里焼を代表する名窯となっている。

開窯からほぼ四〇年、虎仙窯も今日の基盤を築くまでには実にさまざまな変遷を辿った。どこの窯元も一筋縄ではいかぬ苦労をかさねてきたように、虎仙窯もまた一朝一夕に今日の成功をおさめたわけではない。一九六五年、青木さんが高校二年の年に伊万里を水害が襲った。大川内山《おおかわちやま》から出た鉄砲水が、伊万里の窯場を見るまに押し流したのである。あとかたもなく崩れ落ちた窯の前に呆然と立ちつくす父の姿は、いまでも青木さんの目に焼き付いている。

登窯の火は消え、虎仙窯は高台にある南波多野町に移転を計画した（計画が実現するのは一九七四年、いまも虎仙窯は南波多野町にある）。水害前にはすでに従業員を雇うまでになっていた虎仙窯が、家族だけでゼロからの再出発を切ったのである。

それから約三〇年。虎仙窯はいま、まだまだ元気な父母とともに三人姉弟がそれぞれのつれ合いと共同で経営している。特筆すべきことは、この窯が、轆《ろく》轤《ろ》成形から素焼き、下絵、上絵、本焼き、そして販売にいたる陶磁器の一貫工程をすべて自分たちの手でやり通していることだ。多くの窯元が分業に走りだした今日、すべてを自力でやり通す虎仙窯に陶工の心意気を感じるのは私だけではない。

「窯」が、大家族の和をつくり、進取の精神を生みだしているのだろうか。私がお会いした青木さんのご主人隼人さんは、豪放磊落を絵に描いたような人で、虎仙窯の営業を担当している。川副家の長男虎雄さんは、上絵を描きながら窯全体を見る。次男秀樹さんは、轆轤の名人だ。そして、それぞれの妻たちのがんばりも、窯を支える大きな力となっている。青木さんにとっては義理の妹にあたる二人だが、私の見たところ女性三人の団結はきわめて固い。長男夫人の民枝《たみえ》さんは南波多野の虎仙窯直営店で、窯を訪れる人たちへの応対に精をだし、次男夫人の敏子《としこ》さんは、大川内の虎仙窯店で大活躍している。

私は、ここでもまた、女性たちのいきいきした躍動を見た。

冒頭に書いたように、新しい世紀に向けて「ものづくりの世界」にも、旧態をのりこえるエネルギーが求められている。それを誰がやってのけるのか。

今回の取材を終えて、私はその答えを見つけたような気がする。少なくともひとつのヒントが、冒険を怖れない女性工芸士たちの躍動のなかにある。

大川内山の麓に連なる伊万里の窯場を案内しながら青木さんは、出会う陶工たちの誰彼となく親しく話し、取材者の私を紹介した。窯場で働く女性の姿もめだって多い。虎仙窯の三人の女性はもとより、窯でお会いしたすべての人たちから、伝統の里を盛りたてる熱気が伝わってきた。

「虎仙窯」の青磁が生きる！
——伊万里の活魚料理「玄海」

玄界灘の魚は天下一品。鯛のつくりや烏賊刺しを口に入れると、なんともたとえようのない甘い味覚がひろがってくる。青磁の皿いっぱいに盛りつけられた烏賊が、目の前で跳ねる。

ここは、伊万里の郊外にある活魚料理「玄海」。私たちは二階の座敷を借りきって、テーブルを囲んでいた。青木さん夫妻とその長女奈菜さん、川副民枝さんと二人の子どもたち。そして威勢のいい玄海の吉田徹店長も一緒だった。青木さんと吉田店長のつきあいは二〇年になる。その二〇年のあいだ、「玄海」は虎仙窯の青磁や色鍋島を使ってきた。

「なんていうか、安心して使えるんだね。特に青磁は、魚の盛りつけによく合う。まるで魚たちが玄海の青い海原に帰ったような気がするね」

吉田さんは陽に焼けた頬をゆるめて語りだした。彼自身、ときどき漁船に乗って海へ出る。漁の現場と料理の現場を行き来しているのだ。それが、活魚を愛する男の矜持かもしれない。

愛する魚をお客さんに食べてもらうのだから、器もとびっきりのものでなければ気がすまない。そこで吉田さんは、もうひとつの現場へ足繁く通う。賢明な読者の皆さまにはもうおわかりだろう。もうひとつの現場とは、いうまでもなく窯場、すなわち虎仙窯である。

「一流の板前は盛りつけの天才じゃなきゃいけないと思うね。皿や器の絵柄が魚を美しく見せる。そうでなければダメ。絵柄がいばっていたんじゃ魚の盛りつけはできないよ。その点、青木さんとこの焼物は安心なんだ。虎仙窯に行っては展示場で選んだり、こういうものを焼いてほしいと注文したりするけど、器を見るたびにそこに盛られる料理の姿が見えてきて楽しいものさ」

私たちは吉田さんの話を聞きながら、とびっきりの料理に舌鼓をうち、これまたとびっきりの器を楽しんだ。同席した二家族の子どもたちはまるで三人きょうだいのように屈託なく語り合い、親たちもまた同じ家族のように団欒している。吉田さんの言う三つ目の現場「窯」が育んだ大家族の一体感が、そこにもあらわれていた。

伊万里・有田焼❖市川翠子《いちかわ すいこ》

女手ひとつ、伊万里の窯を守る！

椿に七宝文様花瓶

伊万里の陶工だった夫亡きあと、
幼い娘をつれて有田の窯元へ修業に出た市川翠子さん。
その後、ふたたび伊万里にもどり、「翠峰窯」を拓いた。
色鍋島に独自の創意工夫をかさね、
精緻な絵付けと鮮やかな色彩に定評がある。

焼きあがりを待つ至福の時間

窯焚きて河鹿《かじか》の初音闇《はつねやみ》に聴く

陶工たちにとって、窯焚きは至福のときである。素焼き一〇時間、本焼き一八時間、上絵焼き八時間——。のべ約三六時間の時の流れを、彼らは焼きあがりの期待に胸ふくらませて過ごす。この気持ちは、秋の収穫を待つお百姓や、魚網を揚げるときの漁師のそれに近い。

かつて登窯全盛だったころは、釜に火を入れたあと、夜通し薪をくべる作業がつづいたが、ガス窯・電気窯が主流のいま、点火後にいきなり待ちの時間がやってくる。

待ちの時間の過ごし方が陶工によって異なることは言うまでもない。忙しい陶工は、はずむ心でつぎの火入れの準備にかかり、それほど忙しくない陶工は美しい焼きあがりを夢にみながら快眠するだろう。どちらの過ごし方をしていても、この時間が彼らにとって最高に心はずむときであることに変わりはない。

市川翠子さんの場合は、「なにもしないで覚《お》きている」。創作のエネルギーが体中を走って眠れないから。焼きあがりを待つ喜びが全身にあふれ出て、「眠ってなんかいられないのだ」。

女手ひとつで窯を開いて三〇年、翠子さんはこの道一筋に伊万里の色鍋島《いろなべしま》とりくんできた。窯入れのあとの至福のときを、彼女は自分自身へのご褒美のときと決めている。この充実感と解放感！　こんなうれしい時間を、もったいなくて眠ってなんかいられない——それが翠子さんの偽らざる気持ちのようである。

その日、翠子さんは窯場から外へ出て、火照った頬を川風にあてた。彼女の翠峰窯《すいほうがま》は、大川内山《おおかわちやま》から流れる青螺川《せいらがわ》のほとりにある。外に出れば、目の前に青螺の清流があり、その清流をまたいで天神橋が架かっている。天神橋の欄干にもたれて川の音に耳を澄ますのが、翠子さんの楽しみのひとつである。

毎年、夏になると川音にまじって河鹿《かじか》の声が聴こえてくる。清流にしか棲めない河鹿はどんどん減っているが、汚染のない青螺川ではいまも河鹿が、その愛らしい姿を見せてくれる。

「フィフィフィ、フィーフィー」

そんな河鹿の初音を聴くたびに、翠子さんは季節の巡りを実感する。

冒頭に掲げた俳句は、本焼き中の窯場から天神橋に出てきた翠子さんが詠んだ一句。焼きあがりを待つ華やいだ気持ちが、この句にぴーんと張った筋交いのようなものを入れている。

上絵に託した愛と平和のメッセージ

翠子さん、七二歳。辰年生まれだから二〇世紀最後の年に六度目の年女となった。とても干支《えと》を六巡りした方とは思えない、背筋の伸びた女性である。話し方は限りなく穏やかで、淡々としている。インタビューのあいだ、私は何回も「えっ?」と聞き返した。聞き返しても彼女は自分のトーンを崩さない。口調も姿勢も端然として、微塵の乱れも見せない。「私は口べただから」とくり返し言いながら、彼女は小声でしっかりと作品づくりにかける気持ちを静かに語ってくれた。

「石榴《ざくろ》に秋草文様花瓶」「椿に七宝《しっぽう》文様花瓶」「橘《たちばな》文様大皿」「回り桃文様高台鉢《こうだいばち》」――。いずれも大作である。

はじめの二つは翠子さん得意の蕪型《かぶがた》花瓶で、色鍋島の伝統をくむ草花文様を大胆に描ききっている。

つぎの橘文様大皿と回り桃文様高台鉢では、草花文様とともに色鍋島に伝わる代表的な果実文様・蜜柑と桃が上絵にほどこされている。

前章でご紹介した青木妙子さんもそうだったが、翠子さんも上絵をもっとも得意としていた。伝統工芸士の資格を得たのも、上絵付けの技が評価されたものである。

石榴《ざくろ》に秋草文様花瓶

轆轤成形→素焼き→下絵付け→本焼き→上絵付け→上絵焼きという陶磁器の制作過程において、上絵は伝統的に男衆が担ってきた分野であった。どの工程も手抜きの許されない熟達の手技が要求されることは言うまでもないが、とりわけ上絵は作品の価値を大きく左右する。上絵師の力量の差が、そのまま作品の売り上げの差となってあらわれるからだ。思いきって言えば、形と色と絵柄の三つが、作品の価値を決めると言ってもよい。そこで、どこの窯元も上絵になにを描くか、色をどうつけるかに神経を集中させる。

長いあいだ、熟達の男性陶工が担ってきたこの領域に、伊万里の女性上絵師・市川翠子さんと青木妙子さんの二人が伝統工芸士として名を連ねたことは、この意味でも特筆に値しよう。

さて、ここにあげた四つの作品は、翠子さんの上絵師としての表現技がいかんなく発揮されたものであった。精緻な筆遣いと鮮やかな色彩に、この道三〇年の翠子さんの重たい歴史が詰まっている。椿に七宝文様花瓶の上絵では、椿と七宝をつなげてみせた。花々が七宝文様のなかで手をつなぎ、世界にひろがってゆくイメージを表現したと言う。回り桃文様の高台鉢も、幸福な社会をネットワークするイメージでつくられたものである。この作品を通して、六回目の年女を迎えた翠子さんは新世紀を生きる若い世代に、愛と平和のメッセージを送っている。

伝統の奥深さを肝に銘じて

翠子さんの作品には、これが女性工芸士の手になるものかと驚くほどの力強さがある。大胆な構図はもとより、新鮮な色遣い、絵柄がもつ主張のしたたかさがふんわりと伝わってくる。主張のしたたかさといっても、それが押しつけがましいものであったら誰も喜ばないだろう。しかし、彼女の主張には、そこはかとない優しさがあり、たとえば河鹿の初音を聴いて季節の変わりめを楽しむような余裕が感じられる。

あくまでも小さな声で、あくまでもひかえめに語る彼女のどこに、これだけの作品を生みだすエネルギーがあるのだろうか。

ひかえめな彼女は、決して多くを語らない。まるで「私の作品がすべてを語っていますから」とでも言うように、いつも言葉少なに笑みを浮かべている。

彼女はきっと、創作に打ち込むときにご自身の全エネルギーを集中し、爆発させているのだろう。だから、作品にあれだけの生命力が宿る。言葉で表現するより、作品で表現する——これが、三〇年間翠峰窯を支えてきた翠子さんの美学なのかもしれない。

しかしその翠子さんが一度だけ雄弁になったことがあった。それは、話が伊万里焼の将来、そして後継者のことに及んだときである。

伊万里は文字通り山紫水明の里。特に窯元の集中する青螺川沿いの風景は美しい。訪れる人は一様に息をのみ、窯場のたたずまいに目をこらす。川沿いに伊万里三三軒の窯元が軒を接し、そこから鍋島藩窯公園の森が広がっていく。大川内の山ふところに抱かれた自然のめぐみ豊かな里だ。色鍋島の上絵が草花の染錦《そめにしき》になった背景に、この恵まれた自然環境があったことは間違いない。

これだけ美しい焼物の里が、新しい世紀においても伝統の技を育み、世界に冠たる青磁産地として生きつづけていくためにはどうしたらいいか。翠子さんが一度だけ雄弁になったのは、この点である。

「この町の未来は、若い陶工たちの双肩にかかっています。私が、若い世代の人たちに言いたいことは、彼らに先輩たちの長い人生の経験と、奥深い味わいを見てほしいということです。焼物の技術もたいせつですが、それ以上に、この道の奥の深さを知ってほしいのです。たくさんの先輩がありったけの知恵をしぼり、全情熱を傾けて伊万里の青磁を守ってきたこと。そのことに思いを馳せてほしい。そうすれば、私たちとは世代のちがう若者のあいだから、新しい感覚の作品が誕生するでしょう。そうなったとき、伝統工芸の未来はきっと拓《ひら》けます」

大皿に上絵を付ける市川さん

［上］回り桃文様高台鉢
［下］電子レンジで使えるコーヒーカップ

暮らしに生きる陶磁器を

「それからもう一点だけ……」

と、翠子さんは遠慮深げに話を続けた。

「焼物は床の間や違い棚に飾られるだけのものではないはずです。飾りものとして扱われる工芸品もありますが、それだけでは寂しい。陶磁器は生活のなかで使われてこそ、初めて生きていくものだからです。だから私は暮らしのなかで日常的に使われる器や鉢、お皿を焼いていきたい。コーヒーカップも良いと思うわ。電子レンジにも入れられるカップや小鉢、時代に合わせた日用品です。そんな気の張らない作品を焼いていきます」

彼女がひかえめな口調で語ったこの指摘は、ずばり今日の伝統工芸がかかえている重要課題を言いあてている。工芸品がアートとしての価値を追求するあまり、庶民の実生活から離れてしまうのでは本末転倒となる。若い世代の後継者づくりとともに、生活密着型の工芸品をめざすことが、これからの工芸品の歩むべき道なのではないだろうか。

翠子さんの最近の作品「鉄線文《てっせんもん》コーヒーカップ」には、こうした彼女の思いが込められている。従来の伊万里焼では飲み口や淵に金を使うのが普通だったが、このカップの飲み口は茶色で縁どられている。電子レンジで使えるようにするための配慮だ。
「苺文様《いちご》一輪挿《いちりんざ》し花瓶」も、日常生活に使用されるものをつくりたいという彼女の気持ちが生みだした。苺は暮らしの食卓にのるくだもの。その苺の可憐な花を一輪挿しの上絵に表現した。忘れられたような花、そして伊万里の草花文様のなかにはまず出てこない花だ。新しい文様を上絵にするのは簡単なようだが、なかなかできないことである。特に、翠子さんのようなベテラン上絵師にとっては、冒険そのものとなる。

翠子さんはこれまでも小さな冒険をかさねてきたわけだが、これからもきっとさまざまな挑戦を続けるだろう。小さな冒険がいっぱいかさなったとき、翠峰窯の作品は、ますます多くの生活者に喜ばれる作品群を生みだすことになる。

焼物のなかで人生を語る

陶芸に三十年《みそとせ》暮れて菊薫る

翠子さんの手で翠峰窯を拓いたことは先述のとおり。彼女が有田・柿右衛門窯（角福柿右衛門）で九年の修業を終えて伊万里に戻ったのは、一九七一年のことであった。それから三〇年の歳月が流れ、この句が生まれた。

彼女の人生を振り返ってみよう。一九二八年福岡に生まれた翠子さんは、五歳の年に大分県別府で観光事業を営む家の養女となった。別府高等女学校に進学、在学中に文学に傾倒し、九州文学や豊州文学の同人となる。俳句や短歌はそのころから始めたものだから、彼女の句歴・歌歴は五〇年を超える。

一九五一年、伊万里の窯元の家に嫁ぎ、義父母、夫の手伝いをしながら、少しづつ焼物の世界に身を入れていった。結婚二年目に長女加代子さんが誕生。夫とともに将来を夢みる生活が続いたが、その四年後に夫が亡くなり翠子さんのマイホームは一気に崩れ去った。彼女は義父母の世話をしながら、幼い娘を育て、窯場の手伝いと家事に追われる毎日を送る。

一九六二年、義父母を送ったあと、彼女は本格的に絵付けの勉強を志した。加代子さんを連れて、有田へ住み込みの修業に出たのである。伊万里に住みつづけてもよかったが、彼女は自分自身に一切の甘えを許さなかった。そうしなければ、自分の手で新しい窯を拓くことなどできないと考えたからだろう。

一九七一年、伊万里に戻って翠峰窯を開窯したとき、娘の加代子さんは一八歳。看護学校を卒業する年であった。その日のことを、加代子さんは生涯忘れないという。母と二人、有田で過ごした日々を思いだすまでもなく、加代子さんにとって母の独立は待って待って、待ち望んだことだったはずである。卒業後、しばらく東京に出て看護婦をしていた加代子さんは、いま母とともに住み、

絵付けに使われる筆

伊万里の福祉施設敬愛園で老人ケアの仕事をしている。

加代子さんが母を語るとき、一瞬その声が華やぐ。

「女一人、堂々たる人生だと思います。母の作品は、なによりも色づかいが温かい。母は、自分の人生を作品のなかで語っているのかもしれません」

夜、加代子さんが勤めから帰ってくると、絵付けの作業を終えた翠子さんが「ちょっと、やろうか」と声をかける。久しぶりに、二人で一杯やろうよという誘いだ。

酒器はもちろん翠峰窯の作品ばかり。ぐい飲みも小杯も銚子も、その日の気分で選ぶ。その晩は、二口燗瓶《ふたくちかんびん》で熱燗の酒を飲んだ。松絵の白磁で、直接火にかけることのできる逸品である。

母と娘二人、向き合って一時間でも二時間でも飲み、団欒の時を過ごす。娘は母に、もうそろそろ力仕事は辞めてほしいと思い、釉薬かけや窯入れ・窯だしなどの作業を手伝っているが、母はまだまだ意気軒昂。これからもずっと翠峰窯の一人社長兼一人アーティストを続けていくつもりだ。

女学生時代、文学会の同人として創作を志した翠子さんは、加代子さんの言うとおり、焼物のなかで人生を表現しているのだろう。加代子さんが休みの日には、翠峰窯からお二人の快活な笑声が聞こえてくる。

茶の間の日用食器として

市川翠子さんが焼いた翠峰窯の青磁・白磁は、地元佐賀県唐津市の料理屋さんや、大阪、広島、東京、太宰府などの料亭・割烹で使われている。もちろん翠峰窯ファンの家庭も多く、茶の間の日用食器としても愛用されるようになった。華道や茶道で使われる色鍋島の高級青磁と、日常生活で使われるものの双方に、翠子さんは同じ情熱を傾けている。本文にも書いたが、暮らしのなかで使われてこそ、工芸品は生きるのだという信念があるからだ。

福岡市西区在住の安藤和子さんは、翠子さんの別府高等女学校時代のクラスメート。安藤さんは、翠子さんの作品が発表される展示会にはできるだけ足を運び、食卓を飾る器を求めてきた。いま、彼女がいちばん気にいっているのが五枚ぞろいの白磁皿である。

「えっ、どこが気にいっているかですって？　それはね、電子レンジでチンしてもいいお皿だから。鍋島の焼物をレンジに入れられるなんて、すてきだと思いますよ。このへんが翠子さんらしいところ」

安藤さんによれば、翠子さんは女学生のころから「静かな情熱の持ち主」だったようだ。静かな情熱は、ときとして激しい情熱より強いマグマを噴きださせる。そのマグマが、翠子さんの生活者志向を育んだのだろう。

能面に魅せられ、作品にいのちを吹き込む人形師

博多人形❖井上あき子
―いのうえ　あきこ―

能「草子洗小町《そうしあらいこまち》」

能もの、歌舞伎もの、美人もの、武者もの、童もの……
白い粘土からつくられる博多人形。
「この人形を嫁にしたい」という特攻青年のひとことが、
井上さんを人形師へと変身させた。
「生きうつし」の人形より、「生きた」人形づくりをめざし、
博多人形に能ものの新境地を開く。

この人形を嫁にしたい——

忘れられない言葉というものがある。あと一年で傘寿を迎える人形師・井上あき子さんにとっては、五〇年以上前に聞いた一人の青年の言葉がそれであった。太平洋戦争末期、九州にも空襲が激しくなっていたある日、その青年は井上さんの人形店に、突然やってきた。

彼はしばらく無言のまま店内の人形を眺めていたが、いちばん奥に飾ってあった振り袖人形に目をとめて言った。

「出撃が決まりました。この人形を嫁にしたい」

低音だが、はっきり聞きとれる声であった。

「出撃？」と問いなおして、あき子さんは青年の服装に思いあたった。白いマフラーをしたその軍服は、まぎれもない特攻服である。一九四四年、日本の敗色濃いなかで神風特攻隊が編成され、フィリピン沖の米空母等に体当たり攻撃をしかけたことはあまりにも知られている。

生還することのない出撃を前にして、青年は振り袖姿の人形を妻にしようと言ったのである。あき子さんはその言葉を、全身が粟立つような思いで聞いた。

しかし、彼女は売らなかった。いや、売ろうにも売れなかった。なぜならその人形は、夫の長二郎が出征前に精魂傾けてつくりあげた最後の作品だったからである。夫が戦地で最期を遂げれば、その作品はあき子さんに残された形見となる。

「これだけは売れないのです」

あき子さんはやっとの思いで青年に言った。青年はほかの人形を求めることなく、黙したまま深い礼をして立ち去った。

白いマフラーが風に吹かれている。あき子さんは青年のうしろ姿が消えるまで、店の外に出て見送った。しかし、こみあげる涙は止めようもない。悔恨の気持ちがわっと湧きあがる。

戦地にいる夫の面影が幾度も目に浮かんだ。彼女の目のなかで、夫は「早く人形を渡してあげなさい」と言っている。あき子さんはたしかに、夫の声を聞いたような気がした。

彼女は人形をかかえて駅へと駆けだした。

「間にあって――」

プラットホームでまだ汽車を待っている青年を見つけたときは、高ぶった気持ちも頂点に達していた。

「これ、さしあげます!」

青年は驚いた目で、あき子さんを見つめた。

「ありがとう。大事にします」

これが、青年の発した二度目の言葉であった。

走り去る汽車の中で、いつまでも敬礼していた青年の姿は、いまもあき子さんの目に焼きついている。彼は博多から特攻基地のある鹿児島県知覧《ちらん》へ向かい、そこから人形の嫁を抱いて突撃していったに相違ない。

能の世界を学ぶ人形師のこだわり

あき子さんが人形のもつ本当の力を知ったのは、そのときである。その日、彼女は人形師の妻から自立した人形師へと変身した。

一九三九年、あき子さんは一八歳で人形師・井上長二郎さんと結婚。初めて博多人形の世界に身を置いた。佐賀県唐津高等女学校を卒業した彼女は、在学中から絵が好きで、将来は画家になることを夢みて育ったが、人形師の妻となってからは夫に師事して人形づくりの修業を始める。もともと創作への意欲が強かったから、上達は早かった。

夜中に起きて、一人粘土をこね、人形の顔や手をつくる日が続いた。しかし、いくら上達が早くても、伝統ある博多人形を一年や二年でつくれるようになるわけがない。

夫が出征してからは、店のきりもりをすることに追われていた。さきの特攻

粘土で人形を成形する

青年がやってきたのは、ちょうどそんな時期のことであった。

人形の力を目の当たりにした彼女は、それから修業に身を入れる。夫が得意にしていた美人ものとはちがった道を選んだ。めざしたのは、主に能ものである。

博多人形には能もの、歌舞伎もの、美人もの、武者もの、童ものなどさまざまな種類があるが、あき子さんは能ものや童ものを志したのである。

夫と異なる道を志した彼女は、能の文献を読み、能五流（観世、宝生、金剛、喜多）の舞台を観て勉強した。学ぶうちに、能の世界の奥深さに圧倒されていく。鬼気迫る面《おもて》の表情から生命《いのち》を感じとるようになり、そこから人形の顔にもいのちを宿らせなければならないことを、あらためて自覚する。

好きになったのは小野小町であった。能には「関寺小町《せきでらこまち》」、「卒都婆小町《そとばこまち》」、「草子洗小町《そうしあらいこまち》」など、小野小町を描いた数編の曲目がある。彼女はこれらの小町人形を手がけた。制作するなかで、彼女自身の内部にいくつもの不安、葛藤が生まれた。それは、小野小町という女性の芯の強さ、意志の強さ、そして抜きんでた教養の深さに、どこまでついていけるか、どう表現していけるかという葛藤であった。

人形師は人形づくりのなかで成長する。これは俳優が大きな役、難しい役を演じるなかで人間的な成長をみるのときわめて似ている。あき子さんは、小町て、井上あき子は小野小町とじかの対面を果たそうとしたのである。

人形をつくりながら、小野小町と正面から向きあった。千数百年の時代を超え

小野小町は、私の無二の親友

人形は、文字どおり人の形である。人の形をなぞる、つまり人に似せてつくればそれでよいのかもしれない。その意味では「まるで生き写し」と言われる人形は一応の傑作であろう。しかし、あき子さんはそこで満足しなかった。人が生きるように、人形もまたそれ自身が生きていなければと思うからだ。

「関寺小町」は、百歳になった小野小町を想定した世阿弥の曲目である。近江の関寺の僧(ワキ)が寺の稚児をつれて、山陰に庵を結ぶ老女(シテ)に和歌の話を聞きに行く。老女すなわち百歳になった小町は訪ねてきた僧に名歌について語り、歌人について語り、歌の道を説く。そして「老の身の弱りゆく果てぞ悲しき」と無常を嘆くが、傘寿に近いあき子さんは、百歳にしてなお堂々と歌道を説く小町の姿に感動し、共鳴する。だから彼女の作品「関寺小町」は、作者の感動と共鳴が投影されたぶんだけ、言葉は悪いがぞっとするような生気がみなぎっている。

一方「草子洗小町」は、小野小町が才能を全開していたころの物語だ。京の内

[上]能「関寺小町《せきでらこまち》」
[下]能「卒都婆小町《そとばこまち》」

母と子の情感を表現した「ほたる」

裏の歌合に小野小町の相手となった大伴黒主《おおとものくろぬし》は、相手が小町ではとてもかなわないと思い、前夜小町宅に忍び込んで小町が明日発表する歌を盗む。そしてその歌を万葉集の草子に書き込んでおき、この歌はすでにある古歌だと訴える作戦に出た。さて当日、自分の詠んだ歌を古歌だと指摘された小町は、草子のその部分を水で洗う。すると書き込まれた文字はきれいに消え、黒主のたくらみがあばかれる。非を恥じた黒主が自害しようとするのを小町はかばい、黒主は帝に許されるという話である。まだ若くて美しい、才気煥発な小町を、あき子さんはこの作品でみごとに描きあげた。

「人形は動かないけど、いのちをもってる。能の動きを表現することで、私は作品に生きた活力を吹き込みたいといつも考えているの。そう思うようになったのは小町さんのおかげ。小町さんは、私の無二の親友かもしれないわ」

こう言ってあき子さんは笑った。きりっと着物を着こなし、背筋をぴんと伸ばし、はっきりものを言う。小野小町と長年つきあってきたことが、人形師・あき子の自信につながっている。彼女は、能人形に打ち込むことで、シテ（能の主役）から知と勇気をもらったのかもしれない。小町のほかにも「花筺《はながたみ》」、「百萬《ひゃくまん》」、「東北」、「井筒《いづつ》」など、能の代表的な曲目からとった作品がある。どの作品にも、制作にとりくんだときのあき子さんの思い出があふれている。すべてを紹介することはできないが、作者が人形とともに大きくなり、人形もまた作者の成長とともに、よりしたたかな生命力をもってきたことは確かである。

……………博多人形の未来によせる夢

あき子さんは、東芝日曜劇場「花嫁の歳月」のモデルになった。あき子役に扮したのは草笛光子、人形師に嫁いだ高等女学校出のお嬢さんが自ら人形師になっていく物語だった。彼女はそのとき四八歳。人形制作のくだりは役者に任せることはできず、あき子さんが手技を披露した。その後、彼女はＮＨＫ「博多人形によせて」、ＮＨＫ「西日本ぶらり見て歩き」、ＲＫＢ「親子孫三代人形師」などに出演、一九九二年には博多人形を代表して外務省のインターナショナル映画にも出演した。博多人形の女性工芸士として、内外に知られた存在である。作品の受賞歴もきわだっている。平成に入ってからだけでも、通産大臣賞を二度受賞し、勲六等瑞宝章を叙勲され、福岡県の無形文化財保持者、国の卓越技能保持者に指定されている。

これらの受賞歴を、ことさらに書き立てるつもりはまったくない。あき子さんにとって、受賞は六〇年あまりにわたる人形づくりへの研鑽の果てについてきた、ひとつの結果でしかないからである。

彼女はいま、博多人形の未来に深い関心をよせている。江戸時代初期に博多人形の原型といわれる素焼きの能面が誕生してから四〇〇年。これだけの長年月をかけて育まれてきた伝統の技が次の世代にどう受け継がれ、どんな新展開を見せてくれるのか。そのことが気がかりなのである。さきにご紹介したテレビ番組「親子孫三代人形師」に見るように、あき子さんのご子息栄和さんも、孫の和彦さんも、ともに人形師の道を歩いている。伝統工芸の世界でいつも問題となる後継者難は、あき子さんの場合まったく心配ない。それでもあき子さんは、わが子わが孫が伝統を守りつつ、いかに自分の個性を発揮していってくれるかが気になるのだ。

私のインタビューにこたえながら、彼女は栄和さんや和彦さんの作品を手にとり、目を細めた。ご自身の作品を見るときの、きりっとした目とはちがう優しいまなざしである。しかし優しい目をしながら、私に言った言葉は師としての厳しいものだった。

「私はとっても不器用。九九%の努力と一%のひらめきで人形をつくってきたと思うの。能ものをつくるときは、能舞台を観るだけでなく楽屋に行って衣装の素材から着付け、能面の紐の結び方まで何でも教えてもらったわ。そうした努力を息子や孫にもやってもらいたい。努力すべきことは無限にある。名人、匠といわれる職人はみんなそうやってきた。〈百萬〉の努力なしに名工は生まれないということね」

「待ってね」

彼女は能の代表的な曲目「百萬」になぞらえて百万の努力を！と言った。夫に死別し、子どもと生き別れになった女・百萬（シテ）が、わが子を探し求めて狂女となるが、最後に吉野人（ワキ）のおかげでめぐり会えるという物語だ。わが子を探す無限の努力を、あき子さんは強調したかったのだろう。

能もの以外にも、彼女は女性や子どもを題材にしたたくさんの人形を誕生させている。「ほたる」や「待ってね」は、母と子のほのぼのとした情感を描いた作品だ。また「春韻《しゅんいん》」では笛を吹く二人の若い女性を、「萌出る春」では扇を持つ女性を描き、のどかな春の情趣を表現してみせた。能もののもつ鬼気迫る存在感とは異なり、思わず見るものの頬をゆるませてくれるような心温まる作品である。同じ井上あき子という作家が、これほど表情の異なる作品群をつくりあげたことは驚異的である。

一九六四年、夫・長二郎さんが亡くなった。戦地から無事に復員してきた夫とともに、二人三脚で人形をつくりつづけたあき子さんは、それから一人で「物言わぬ、生きた人形」と向き合ってきたのである。能人形に打ち込むかたわら、穏やかな女性ものや童ものをつくるようになった彼女の気持ちは十分に推測できる。

戦後五〇年が過ぎたある日、彼女は特攻の出撃基地・知覧を旅し、戦死した将兵の眠る東京の靖国神社に参詣した。人形の力を教えてくれた特攻青年に感謝の気持ちを込めて。

博多人形のできるまで

博多人形は、次の九工程でつくられている。①粘土づくり・土ねり、②原型づくり、③型取り、④型押し、⑤生地起こし（型押しされた粘土をとりだし、成形する。ここで生地人形ができあがる）、⑥自然乾燥、⑦素焼き、⑧彩色、⑨面相仕上げの九工程だ。

日本の伝統的工芸品に指定されている人形には、「博多人形」のほかに「京人形」、「江戸木目込み人形」などがあるが、どちらも粘土ではなく木を素材にしている点で、博多人形とは基本的に異なっている。たとえば桐などのおがくずを生ふ糊でかためた本体に衣装を着せ、頭をつくり、顔を描く。それに対して博多人形は、素焼きの白生地に繊細な筆づかいで直接彩色していく。黒田藩お抱えの瓦職人が多少の遊び心で焼いた素焼きの能面が博多人形の出発点になったことを考えると、日本を代表する三種の伝統人形の製法のちがいが興味深い。

井上あき子さんが夫に師事して人形師を志したころ、深夜に一人起きだして土ねりの修業に身を入れたのも、博多人形の第一工程への挑戦だったわけである。

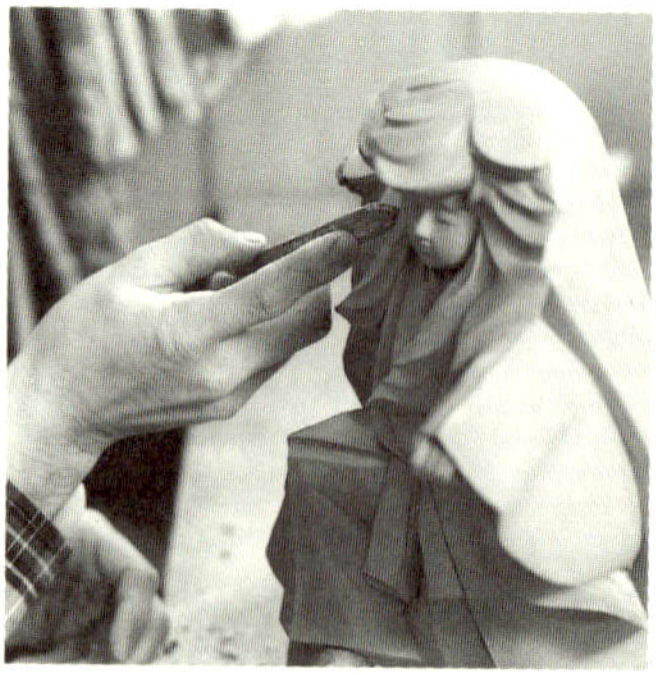

熊野筆❖伊原木嘉世子

——いばらぎ　かよこ——

「生きた毛」との深いつき合いから生まれる名筆

山羊、白馬、狸、兎、鼬……動物たちの毛でつくられる毛筆。
その国内生産量の約八割を、広島県安芸郡熊野町が担っている。
一筋一筋微妙な癖をもつ「いのちある毛」をまとめあげ、
一本の筆に仕上げていく伊原木嘉代子さん。
その手技には、「毛を友だち」にした彼女ならではの冴えがある。
そして今日も好きな歌を口ずさみながら、いのちある筆づくりに精をだす。

天然の恵みによる文房四宝

山羊《やぎ》、白馬、青馬、狸、狢《むじな》、猫、狗《いぬ》、鼬《いたち》、羊、りす、兎……。

竹、桜、楓《かえで》、欅《けやき》、黒檀《こくたん》、紫檀《したん》……。

ここに挙げた動植物の名前を見て、「ああ、これは筆の材料だな」と想像できる方が何人いらっしゃるだろうか。私も含めて、おそらくほとんどの方が、そこまでは思い至らないだろう。

そう、動物たちの毛は、みんな筆の穂先となり、竹や木は筆の軸になっている。天然の素材にこだわる伝統工芸品の多くが動植物の生命を「いただいて」つくられていることは、日ごろあまり意識されていない。織物に使う絹・綿・麻、染織品に使う染料（たとえば藍など）、漆器に塗る漆、和楽器に使う動物たちの皮、指物に使う各種の木、象牙や亀甲、貝細工など、挙げていけばきりがない。少し大袈裟に言えば、これらの工芸品は多くの生き物の生命とひきかえにつくられ、私たちの生活文化を育んできたと言えるのである。

筆とともに、文房四宝といわれる墨・硯・紙にしても同様である。これらの工芸品が、古くからコミュニケーションツールとしての役割を担ってきたことは誰も異存のないところだろう。今日豊かな成熟を見せている情報社会はコンピュータと通信機器の発達によってもたらされたものだが、それ以前に文房四宝が果たしてきた役割ははかりしれない。

筆は毛や竹を使い、墨もまた松根油《しょうこんゆ》を使い、和紙は楮《こうぞ》・三椏《みつまた》・雁木《がんぎ》という三種の木の繊維を使っている。硯だけは数世紀地中で眠りつづけた石を掘り起こして素材としているが、これとて天然の恵みをいただいてつくられているということに変わりはない。

……………筆塚に彫られた「生命《いのち》ある筆」の物語

広島県熊野町で、私は筆塚を見た。

広島から中国山地に少し入った山間の町・熊野は、町の人口の六〇パーセントが筆づくりにかかわっているという全国一の筆の里である。町の人たちは年に一度、この筆塚に参じて「筆供養」を行う。筆が、動植物たちの生命から生まれた産物であることを忘れないためだ。

筆塚は、鎮守の森・榊山神社の境内に建っている。高さ三メートルにおよぶ分厚い自然石でつくられた造形的にも美しい碑であった。そこに彫り込まれた碑文のなかに「筆に命あるを信じ……」という一節がある。

江戸後期より筆づくりを生業とした熊野の先人たちは、筆が「動物の命を受け継いでいるもの」だということを碑に刻み、あわせて筆司の心に刻み込んだのだろう。あらゆる分野でオートメション化が進む今日、この地の筆司たちがすべての筆を一本一本手づくりで制作しているのは、筆に命の宿っていることを信じるからにほかならない。

……熊野の陽気な人気者が「筆司」をめざした日

熊野筆の伝統工芸士・伊原木嘉世子さんは一九三五年、姉三人と兄二人の末っ子に生まれた。根っからの熊野っ子で、幼いころから野を駆け回り、毬つき、おじゃみ（お手玉）、ゴム飛びに興じて育った。五歳のとき母と死別するが、海軍工廠《かいぐんこうしょう》に勤めていた父と姉兄に守られ、目立って快活な少女期を過ごしたようである。町の青年団に入ってからも彼女の陽気な言動は目立ち、祭りの日には先頭に立って踊り、壇上にあがって歌った。

「好きな歌は?」と聞くと、

「うーん、いっぱいある」と首をすくめ、「いまは美空ひばりの〈愛燦々〉や〈川の流れのように〉、それから島倉千代子の〈うつせみ〉」と言って笑った。筆司四〇年のキャリアをもつ彼女の表情に、いきなり天性の陽気さがあらわれる。

後に見るように筆づくりは「毛もみ」が命なのだが、彼女は毛をもみながら、いまも一人で、ひばりや島倉千代子を歌っているという。「好きじゃけんね」と

言った彼女の目は、まるで少女のように可愛かった。

さて、彼女が筆の仕事をするようになったのは一九歳の春からである。その年、彼女は「私の人生を変えた人」に出会う。熊野で最初に伝統工芸士になった二代目実森盛登《さねもりもりと》さんであった。伊原木さんは、筆司をめざす一年生から、当時の第一人者に師事したわけである。当然、修業は厳しさを極めた。青年団の人気者だった彼女も、このときばかりは歌をうたって楽しむ余裕など皆無だったろう。彼女の修業を語るには、筆づくり工程を説明しておく必要がある。

穂首づくり九工程の技法の冴え

筆づくりは「選毛・毛組み」からはじまる。筆の種類によって使用する原毛が異なるので、まず各種の原毛を選り分け（選毛）、穂先に使う分だけまとめる（毛組み）のである。当然、原毛の特性をよく理解しておかなければならない。

つぎにその原毛を、灰でまぶし、火のし（アイロン）をあて、鹿皮にくるんで揉む。これが「火のし・毛揉み」の工程だ。毛揉みのすんだ原毛を櫛に通して綿毛を取り除き、一本一本同じ向きにそろえていく。逆毛・すれ毛も除かれる。「毛揃え」と「逆毛・すれ毛取り」の工程である。不要な毛が除かれ、きれいに揃えられた原毛は、「寸切り」というつぎの工程に移される。命毛《いのちげ》、のど、腹、腰と

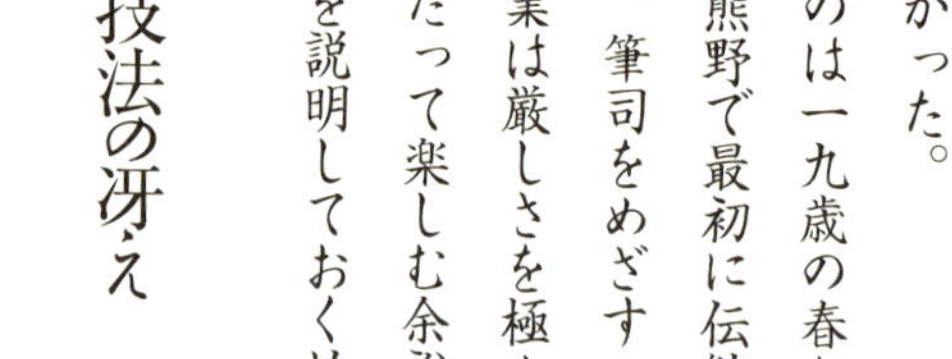

一本の筆は、大きく分けて墨を含ませる穂首部分と手に持つ軸部分に分けられる。穂首の材料である馬や鹿、山羊などの毛は主に中国や北米から、軸の材料の竹や木は岡山県や兵庫県から仕入れたり、中国、韓国などから輸入している。

呼ばれる穂首の各位置の毛を、それぞれの長さに切り分けるのが寸切りだ。寸切りされた毛は、薄糊をつけて混ぜ合わされる（練り混ぜ）。つぎに、コマ（芯立て筒）という道具に入れて太さを規格に合わせる（芯立て）。これで穂首の芯ができあがる。できあがった芯には上質の毛で衣が着せられ（衣毛巻き）、根元を糸でしっかり巻いて（糸締め）穂首は完成する。

穂首づくりだけで、九工程。このあと筆の軸づくりが同じく九工程続く。

この全工程を、伊原木さんは実森師匠のもとで学んだ。しかし、職人の手技というものはもともと教えられて身につくものではない。ましてや穂首も軸も、命あるものが相手の仕事である。芸が未熟なうちは原料たちが決して言うことを聞いてくれない。工程を知り、作業内容を覚えても、それだけではなんの役にも立たないことを伊原木さんは何度も痛感した。いくら頭でわかっていても、「手」が正確・精緻に動かないうちは毛は跳ね、弾力を失い、「先の舞う筆」は生まれない（穂先にまとまりがあり、ほどよい弾力があるとき、筆司は「筆が舞う」と表現する）。

「毛」は、私の手の友だち

「弟子入りした当初は無我夢中。実森さんの手の動きを見ながら、どうしたらあんなに上手に毛とつき合えるようになるのかと、ずっと思ってました」

「毛とつき合う」、この言葉が、筆司・伊原木嘉世子の四〇年を語るキイワードだ。

熊野に「筆司の会」が生まれたのは二二年前であった。四〇人の自立した筆司たちが自らの芸を高めるためにつくったこの会で、伊原木さんは、彼女が「第二の恩師」と呼ぶ山田高明さんと出会う。

そのころ彼女はすでに一人前の筆司としてそれなりの作品を生んでいたが、「もうひとつ何かが不足している」という思いを断ちきれないでいた。不足が何であるか、彼女にはわかっていた。それは、「毛との親身なつき合い」である。長い修業を通じて、穂首づくりに必要な手の動きはほとんど満足できる段階に達している。だが「ほとんど」というのは一〇〇パーセントではない。あとの数パーセントが不足なのである。彼女が筆司の会に参加したのはちょうどそんな気持ちのときであった。

山田さんは筆司の会の会長を務める熟達の名工であった。その山田さんに、彼女は「毛のこなし」を教えてほしいと頼んだ。なんとしても、自分の中にある数パーセントの不足を埋めたかったからである。「毛のこなし」を体で覚えることがいかに大変なことかは、伊原木さんにもよくわかっている。しかしそこを突破しなければ、納得できる筆づくりの技には到達できない。

伊原木さんの熱意は山田さんに伝わり、翌日から彼女の新たな修業が始まっ

［右］「選毛」
［左］「毛ぞろえ」

書家の注文にこたえ、
毛の生命力を生かして筆をつくる。

た。優しい師である山田さんも、こと技術面では厳しい。

「いつも柔和な目をした師でしたが、毛揉みのことになると、とたんに厳しい目になるの。山田さんの奥様が、よくあんな厳しい修業についていけたねと言ってくださったほど」

修業をかさねたある日、彼女は自分の手が原毛にしっくりなじんでいるのを感じた。なぜか、自分でさわっている毛が、いとおしく思えてくる。かつて感じたことがない、不思議な気持ちだった。

「それまでは原料としてしか扱ってこなかった毛が、まるで私の手の友だちみたいに思えたの」

彼女はそのときの感動を思いだすように言った。

「毛は、生きている！」この、ごく当たり前なことを、彼女は理屈でなく身体で感じとったのである。これが、筆司・伊原木嘉世子の開眼であった。

……………原毛のいのちを生かす愛

「山馬筆《さんばふで》」は、鹿毛。

「天尾筆《あまおふで》」は、馬の尾の毛。

「兼毫筆《けんごうふで》」は、山羊と馬の毛の混ぜ合わせ。

「羊毛筆」は、まっ白な山羊の毛。

伊原木さんは、書く人の気持ちを感じながら、これらの多様な筆をつくる。ほかにも猫毛でつくる小筆や、鼬《いたち》毛筆、狢《むじな》筆、赤狗《あかいぬ》筆など、彼女の手になる作品は多い。

書家たちは皆、自分の書に合う筆をつくってもらおうと細かいところまで注文してくるが、彼女はどんな注文にもわずらわしいと思ったことがない。毛を自分の手の友だちにしてしまった彼女には、書家の注文に応えることが喜びとなった。繊細でやわらかな筆致を生みだす筆も、コシのある骨太な筆致を生みだす筆も、すべて「毛のこなし」によるものだから。原毛の命を作品のなかで生かす。熊野筆の先人たちが誓ったこの言葉の深遠な主張が、「毛」を友とする彼女にはごく自然に伝わってくる。

彼女の不足を補った二人の師匠もいまは亡い。師から受け継いだものは単なる技術ではなく、いわんや言葉でもなかった。それがどんな意味をもっているか、いまの彼女にはよく理解できる。筆づくりは、毛を愛するところからしか始まらないということを。

彼女はいまも、ひばりの「愛燦々」を歌いながら、毛とのつき合いを深めている。若い日、祭りの先頭に立って踊り歌った町の陽気な人気者が、いま筆の町、熊野の女性工芸士として人気を博していることはなぜか嬉しい。

「伊原木さんの筆は私の分身」という友禅作家

全国の筆生産の約八〇パーセントを担っている熊野筆には、書道用の筆のほか、絵筆、化粧筆の二種がある。伊原木嘉世子さんも、書筆・絵筆・化粧筆をすべて手がけている。彼女の絵筆が、友禅染の世界でも喜ばれていることをご紹介しよう。

大津充就《もとなり》さん、四五歳。花鳥画の修業を二五年間続けてきた友禅の工芸士さんだ。大津さんは五年前に伊原木さんとめぐりあい、彼女の絵筆を使うようになった。彼女の筆を使ってからは、他人の筆は使わなくなったという。

「筆司と絵描きの相性でしょうか。私には伊原木さんの筆がぴったり合ったんです。コシが弱いと良い絵が描けない。そのことを彼女にちょっと話したら、まるで私の分身みたいな筆をつくってくれました」

大津さんはいま、伊原木さんの絵筆の感触を楽しみながら、熊野の「筆の里工房」で着物の絵（友禅）を描いている。

二人三脚で、それぞれの道を行く夫婦作家

東京手描友禅❖上田環江
―うえだ　たまえ―

郷土玩具、こけし、波に飛ぶうさぎ、びわの実を描いた四本の帯。

京友禅の雅、加賀友禅の華、名古屋友禅の渋さに対して、粋が特徴の東京手描友禅。かつては神田川の風物詩だった「友禅流し」はいまは見られないが、江戸友禅は健在。上田環江さんは夫とともに、伝統工芸士の資格をとり、粋が本領の東京手描友禅に欧風の絵柄を加えるなど、冒険心に富んだ独自の世界をつくりだしている。

「粋」好みの江戸庶民をわかせた江戸友禅

南こうせつの「神田川」は、街の暮らしのひとこまを愛情あふれる物語に仕立てあげた名曲かもしれない。その「神田川」に友禅流しの情景が歌われていたら、私はこの曲をもっと好きになっていただろう。三〇年ほど前まで、神田川といえば誰もが友禅流しを思い浮かべたものであった。

「東京手描友禅（江戸友禅）」は、神田川の流れとともに栄えた歴史をもっている。友禅染の技法は江戸時代初期に京の扇絵師・宮崎友禅斎によって考案され、江戸開府から二〇〇年たった文政年間に京より江戸へ伝えられた。

「粋」を好む江戸庶民のあいだで爆発的な人気を博したと言われている。江戸特有の町民文化のなかで、江戸友禅は京友禅や加賀友禅とはひと味違う、独自の発達を見せた。

いまでは既婚女性の礼装として用いられている黒留袖（江戸褄）は、往時の江戸友禅の代表選手である。

さて、東京の友禅産地は、神田川に沿って西へ西へと移動した。都心部の過密化が進むにつれ、川の汚染を避けて上流に移ったわけだが、現在は練馬周辺に友禅職人が集まっている。

本章でご紹介するのは東京手描友禅の四人の女性伝統工芸士の一人、上田環江さん。彼女は一九九八年、夫の稔さんと同時に伝統工芸士の資格を取り、夫婦作家として業界の話題をさらった。伝統工芸士に認定されたのは三年前だが、二人がこの道に入ったのは時代をずっと遡る。

友禅の美を世界に広めたい

環江さんの実家は浅草の材木問屋であった。八人兄妹の末っ子で、なに不自由ない幸せな少女期を過ごした。絵が大好き、夢見ることが大好きな活発な少女だったようである。しかし父が事業に失敗したときから暮らしが変わった。一〇歳のときに母が亡くなり、東京手描友禅の修行を積んで独立していた兄に引きとられる。家事を手伝いながら中学に通った。卒業後は電機メーカー大手のNECに入社。兄の仕事を見て育った彼女の心に、友禅への郷愁が強く残ったままでの就職だった。

一方、稔さんは、高円寺の活字職人の家に生まれた。環江さんがそうであったように、彼もまた少年のころから絵が好きで、鉄腕アトムや鉄人28号を描かせたらくろうとはだし。周囲の大人たちを驚かせるほどの腕前だった。中学を出たら美術の学校に進もうと思っていた矢先、父が活字づくりの仕事を失う。印刷の大勢が活版からオフセットに移行するなかでの失職だった。稔さんは絵

の勉強への道をいったん断念してＮＥＣに就職、そこで環江さんと出逢う。出会いはすべて運命的なものかもしれぬが、この二人の場合はとびっきりの「ドラマ」であった。

稔さんと会ったその日から、環江さんは友禅を語った。「友禅って、何？」と問う稔さんに、彼女はさっそく兄・桜井源道《さくらいげんどう》を紹介する。友禅が、絹地に絵を描く仕事だと知ったとき、もともと絵の道をめざした稔さんの血が騒いだ。

桜井源道さんは東京手描友禅の名人と謳われる伝統工芸士である。友禅の名人に会ってから、稔さんは瞬く間にこの世界に魅了されていった。これが自分の一生の仕事だと心に決めるまで、それほど時間はかからなかったと言う。

一九六〇年、ＮＥＣを辞めた稔さんは源道師匠に住み込みで弟子入りする。そのとき稔さん二〇歳、環江さんはまだ一八歳であった。それから五年後に二人は結婚するが、夫の通いでの修業はさらに五年間続く。生活は、当時姉の経営する美容院で美容師をしていた環江さんが支えた。夫が兄のもとを離れて独立するのは一九七四年である。

取材中、「独立したのは、いつ？」と聞いた私の質問に二人は間髪おかず、同時に応えた。はっきりと、断固とした声で。

「昭和四九年！」

独立記念のこの年が、いまも二人の心にしっかりと刻まれている。

今度は環江さんの番である。「二人の独立記念」のあと、環江さんは夫に師事して友禅の修業に集中する。もともと絵心のある彼女は、それまでも夫の仕事を手伝いながら一応の技術を身につけていたが、「一応」では納得しない彼女の匠魂が猛然と頭をもたげた。集中力は抜群である。彼女はいつの間にか、夫も認める絵筆の冴えを発揮するようになっていた。

二人の二人三脚が始まる。友禅の夫婦作家は、それぞれ自分の道に向かって歩きだした。環江さんの夢は、友禅の美しさを世界に広げることである。日本女性がもっと着物を着て世界に出かけるようになったとき、夢は大きく前進する。美しく染め抜かれた友禅がニューヨークの街、パリの街、アジアの街々を行く光景を思い描くだけで、彼女は胸の高まりを覚える。

……………ブルゴーニュをモチーフにした斬新なワインカラー

その朝、ブルゴーニュの空は五月晴れであった。ふわっとひろがる空が、夫婦のいちばん好きな青に染め抜かれている。見渡すかぎり続く葡萄畑に立って、二人はしばし無言のまま空の青を見上げていた。一九九八年の五月のことである。

友禅の美しさを世界に伝えたい！　その夢を実現すべく、二人はフランスで

刷毛でぼかし文様をつける

の「着物展」を計画した。思いきった計画であった。フランスに住んでいる知り合いが応援してくれてはいたが、日本的な友禅の美がフランス人にどう受けとめられるかは見当もつかない。夢と計画が壮大である分だけ、二人の心配も大きかった。ブルゴーニュへの旅は、いわばその心配を断ち切るための取材旅行であった。

葡萄畑で澄みきった空を見、落ち着いた古都オータン市のレストランでワインをあけるうちに、二人の心から少しずつ迷いが消えていく。

「友禅が本当に美しいものならきっとわかってもらえる。私たちが自信を失ってどうするの！　友禅師の誇りをもって堂々と勝負すれば、必ず成功する」

これが、二人のフランス旅行で得た自信と決意だった。

帰国後、環江さんはオータン市の古城ユスリーヌの塔を大胆に描き、ブルゴーニュワインをモチーフに、ワインカラーの斬新な絵柄に挑戦した。いずれも江戸友禅の伝統的意匠にはないデザイン、そして色遣いであった。彼女は翔んだのである。遠くまで飛翔した。伝統工芸士としては賭けにも等しい、思いきった冒険であった。

妻の大胆な冒険を目の当たりにして、匠としての先輩であり師でもある夫は、妻の情熱に応えた。ディジョン市の街並みやボーヌ市の修道院を描いて、これまでの作品とはまったく異なるイメージを表現してみせた。二人の挑戦が、フ

友禅画の筆

ランスでの着物展を意識したものであったことはいうまでもない。

……………フランス・ローラン美術館の「着物二人展」

一年後の夏、「二人展」はオータン市立ローラン美術館で実現する。一か月のロングラン展であった。実現までの経緯はさまざまあったが、それは省こう。いずれにしても、二人の思いが天に通じた瞬間だった。

「Minoru et Tamae UEDA EXPOSITION DE KIMONOS」——展覧会は初日から女性客で大入りとなった。女性だけではない。物珍しさも手伝って男性客も続々やってきた。夏のバカンスシーズンだから、パリや遠くの町々から来た人も多い。テレビ、新聞等の取材も殺到し、日本人友禅作家の作品展は各紙で報道された。

レセプション会場には一〇〇人を超す賓客が足を運び、日本語を知らないはずの人までが、華麗な友禅の着物を見て「きれい」と言ってくれた。「きれい」は、はからずも「二人展」がフランス人に教えた日本語となった。

もうひとつだけ、二人展での逸話を紹介しよう。環江さんはアトラクションとして、フランス人女性に着物を着せてみた。日本女性とは背丈がまるで違うフランスの女性モデルが、同じサイズの着物を着せられた姿を見て、満場が喝采した。これがスカートだったら間違いなく超のつくミニ姿になってしまう。ズボンならまさに、つんつるてんだ。ところが着物の場合は、お端折《はしょり》を加減すれば背丈の差はカバーできる。それが、彼らには驚きだったのである。

こうして、「世界に！」をめざした二人の挑戦は成功した。生活習慣や風土が異なっても、美をはさんで直に語り合えることができる。それを実感できたことが、二人にとって最大の収穫であった。

フランスで飛翔して見せた環江さんも、新作に向かうときは意識の葛藤がある。それは稔さんの場合も同じだ。そうしたとき、夫婦作家は互いを気遣う。

フランスから帰ってしばらくしたある日の深夜、納期の迫った作品のイメージが固められずに苦しんでいる妻を見て、自作の下絵を描いていた夫がぽーんと絵筆を投げだした。

「ドライブに行こう」

ふだん穏やかな稔さんの、めずらしく断固とした口調だった。

「えっ、もう二時よ」

「いや、行こう！」

夫の声に強い意志を感じた環江さんはしぶしぶ応じた。

「わかった。行きましょう」

車は高速道路を西へ向かい、夜明け前の伊豆に着いた。真っ暗な海が、次第に明度を増してくる。空もまた赤みを帯び、振り返ると山の稜線が白みはじめている。

「やうやう白くなりゆく山ぎは、少し明りて……」

二人は、『枕草子』の情景そのままを未明の伊豆で見ていた。目に眩しい日の出、海面をさっと走る陽光、空は秒単位で色を変えた。環江さんは息をのんだまま、黙って空と海に見入った。

帰路の車中で、稔さんは多弁だった。上機嫌に語る夫の話に耳を傾けながら、環江さんは頭のなかで友禅のイメージを膨らませていた。

「家族五人展」を夢みて

「好きな画家は?」という私の問いに、稔さんは「東山魁夷《ひがしやまかいい》、そして横山大観《よこやまたいかん》」と答え、環江さんは「上村松園《うえむらしょうえん》」と答えた。私はわざと唐突に質問したのだが、二人とも返事をするのに瞬時のとまどいもなかった。夫は東山と横山の骨太の写実が好きだと言い、妻は松園描く女性の襟足の「はんなりとしたぼかしの色気」が好きだと言う。

二人の友禅作家は、夫婦でありながら、それぞれに自立している。友禅の美を世界に広めたいという夢は共通しているが、創作にあたってはつねに独自の

友禅挿し

［上］能面を大胆に描いた作品
［下］櫛《くし》と簪《かんざし》文様帯（夫の稔さんの作品）

道を行く。さきに「二人三脚」と書いたが、それは一方が壁にぶつかったとき、たとえば深夜のドライブに連れだすようなこと。壁をいかに突破するかは、作家個人にしかできない。作品づくりは、あくまでも一人である。少しだけかっこよく言えば、それが創造の自立ということだろう。

稔さんは伝統工芸士の先達に師事したこともあって、江戸友禅の伝統をベースに、そこから発想をふくらませていく。環江さんは伝統へのこだわりよりも、斬新にして奔放なイメージの世界に特化する。

二〇〇一年九月、上田さんたちは二人展ならぬファミリー展を計画している。陶芸の道に進んだ娘さんとその夫、そしてデザイナーの道に進んだ息子さん。この三人とのジョイントで、文字通りの「家族五人展」である。夢の実現に意欲をもちつづける両親を見て育った子どもたちが、同じクリエーターの道をめざしたのも、言ってみれば必然のような気がする。世代の異なる五人が火花を散らせば、過去には見られなかった工芸美のブレイクスルーがあるかもしれない。

多彩な色、自由なデザインを可能にした友禅染の防染技法

布地に図柄を描く場合、染料のにじみが最大の障害となる。中国から伝えられたという「ろうけつ染」は、模様部分にろうを塗ることによって防染し、奈良時代からある「絞染」は染めを防ぎたい部分を糸でくくって防染（「京鹿の子絞」のコラムを参照してください）する。ところが江戸中期、友禅斎によって考案された「友禅染」の防染技法は、糊の細い線で図柄の輪郭を描くことにより、同時に防染効果も兼ねるという画期的なものだった。友禅染の絵柄の輪郭が白線で縁どられているのはそのためである。この糊防染技術によって多彩な色調が可能となり、着物の世界にも優雅であでやかな文様が登場するようになった。染色の分野に革命的な進歩をもたらしたのだ。

細い糸目状の糊で絵柄の輪郭をつける（糸目糊《いとめのり》置き）と、友禅師はそのなかに思い思いの染料を絵筆で挿す（友禅挿し）。今度は地色を染めるため、色を挿した文様部分をすべて糊で覆い（糊伏せ）、刷毛を使って生地の全体を染めていく（引染め）。それから高温の蒸気で蒸し、水で洗って糊を落とす。これが有名な「友禅流し」で、昔は東京なら神田川、京都なら加茂川の、水のきれいな川の風物詩だったが、水の汚染問題等の理由で禁止され、いまは友禅流しの光景を見ることはできない。糊を洗い落とすと、地色の上に友禅文様が鮮やかに浮かびあがる。

色漆で多彩な「蒔絵」世界を描く！

山中漆器◆大下香苑

──おおした　こうえん──

秋草蒔絵平棗

山中漆器には、美しい木目に加飾挽きを生かした透き漆と、漆黒の塗りに蒔絵をほどこしたものがある。

かつて日本画家をめざしていた大下香苑さんは、蒔絵の世界で絵筆の才能をいかんなく発揮する。

多彩な「色漆」を使った彼女の作品は、伝統を誇る山中漆器のなかで独特な味わいを見せている。

モノトーンの世界が織りなす色彩

雪の原野に一人で立ったことがおありだろうか。道も畑も橋も小川も、いっさいを埋めつくしてどこまでも広がる雪の原野。雪は、小さな木立くらいわけもなく覆いつくし、遠く点在する家々までも白一色に変えてしまう。

ひとたび、このモノトーンの世界に足を踏み入れた人は、あまりに幻想的な風景に声を失うだろう。このときもし、感嘆詞以外の言葉を発する人がいたとすれば、その方はよほどの照れ屋か、でなければよほど感動を表現しない訓練をつんだ人のはずである。

雪野は、美しい。まるで醜悪なものをすべて雪下に隠し「美」だけを切りとったかのようにして、清冽な景色を私たちに見せてくれる。

朝の陽光を浴びるとき、雪原は茜色と薄紫色の世界をつくる。昼、日が高く昇れば、そこは誰もが知っている白銀の世界だ。落日を迎えると、こんどは一面が桃色に染まる。

そして夜。雪野に「漆黒」の闇が訪れる。昼間の白銀に輝く光景が嘘のように、一条の光も射さぬ真の闇。

大下香苑さんは、こうした雪野の変化を目の当たりにしながら少女期を過ごした。大好きだった景色は、暮れなずむ雪野のそれである。夕日を浴びて桃色に映える雪原が、落日とともに漆黒の闇に変化する様を見ながら、彼女はいつも「画家になりたい！」と思いつづけた。

白一色のモノトーンの世界が実はこれほど多彩な色を映しだすということを、彼女は、漆黒という言葉に出合うずっと前からよく知っていたのである。

香苑さんが漆黒に出合うのはそれから二五年後、山中漆器で漆塗りの世界に入ってからのことであった。

香苑さんの生まれは北海道。父は夕張炭鉱で坑夫を集める仕事をしていたが、自分で集めた人たちが落盤事故で亡くなるのを見て会社を辞めた。炭坑官舎を出て引っ越した先が、岩内郡《いわないぐん》小沢《おざわ》という雪深い里である。香苑さんの記憶はこのあたりから鮮明になる。

小沢には、遠くに羊蹄山《ようていざん》を見る原野が広がっていた。中学を卒業するまで暮らしたこの雪の里で、彼女は自然の美しさと優しさ、そして逆に恐ろしいまでの荒々しさ、厳しさを日常的に見てきたわけである。

……油絵の修業、そして夫との出会い

いまも目をつぶれば、香苑さんの眼前には北海道の雪野の光景がぱっとひろがる。かぎりなくモノトーンのイメージが、彼女のなかで一瞬のうちにふくよか

な色彩を放つイメージに変わっていく。これが、長じて山中漆器の蒔絵師になった大下香苑さんの「原風景」である。

中学を卒業した香苑さんは、単身東京に出て高校に入学する。画家になりたいという夢は日増しに大きくなり、高校卒業後は絵の勉強に没頭した。遊びたい盛りの年頃であったが、文字どおり寝食を忘れるほどの打ち込みようだったという。美大への進学も考えたが、彼女には花の女子大生を楽しもうといった発想はまったくなかった。それに当時、ある人の紹介で一流の画家に師事していた。偉大な師のそばにいて直接の指導が受けられる。美大へ行くまでもなく、彼女の画作・習作は本格的なものになっていった。

恩師は、日展の審査員までつとめた高名な画家である。香苑さんは、師の家の近くにアパートを借りて、通いつめた。師もまた香苑さんの才を認め、親身になって画家の精神を語ってくれたそうである。

夫となる大下宗香《そうこう》さんとめぐりあったのはそのころであった。デザイン学校を卒業してまもない彼は、デザインの創造性を熱く語った。同じ絵の世界で夢を共有できた二人は一九六九年に結婚。それから夫妻はスナックを経営しながら、創作へのエネルギーを蓄えていく。

上から、秋草文、黄浅菊文、クズ文の平皿

加賀蒔絵の「漆黒」の美しさ

一九七三年、大下夫妻は宗香さんの郷里である石川県山中町に転居した。宗香さんは、明治から昭和にかけて加賀蒔絵の不世出の名人といわれた大下雪香《せっこう》の四代目にあたる。東京に出てデザインの勉強をしてから三代目の父のあとを継ぐつもりだった。山中へ戻るに際して、二人のあいだに創作をめぐる議論があったことは想像に難くない。油絵を描く香苑さんとデザイン創造の宗香さん。二人のクリエイターは、スナックの仕事が終わった深夜に、夫婦の会議をかさねた。そこで得た結論が、二人の画作の夢を蒔絵で実らせようということだったのである。

香苑さん、二六歳の春であった。

山中町は、四方を山に囲まれたのどかな里である。町中を大聖寺《だいしょうじ》川が流れ、川沿いに山中温泉の旅館がたちならぶ。元禄のころ、日本三泉のひとつとうたわれ、芭蕉も長旅の疲れをいやしたという名泉である。

この名だたる温泉町が日本を代表する漆器産地に成長したのは、まさに漆黒の技術が花開いたからであった。加賀蒔絵が、漆黒の地色の美しさで人気を博したことは知られている。山中漆器はその加賀蒔絵の伝統を受け継いで、漆黒の芸を磨いてきた。

自然の厳しい雪の原っぱから縁あってこの地に来た香苑さんは、気候風土のあまりのちがいに驚くが、蒔絵師としての修業をへるなかで土地の穏やかさに慣れ、漆黒の世界に身を寄せていく。

「霧の中の少女」に託した願い

さて、大下雪香の四代目に嫁いだ香苑さんは、二つの意味で不思議な「縁」を感じていた。山中漆器と自分自身をつなぐ縁である。ひとつは雪香の「雪」。目を閉じればいつでも見えてくる雪を、初代の名人が号していたことには感慨深いものがあった。

もうひとつは、言うまでもなく「漆黒」である。漆黒が加賀蒔絵の塗りの基調だと知ったとき、彼女は肌が粟立つような感動を覚えた。気がつくと、無意識のうちに雪原の夜の闇を加賀蒔絵にかさねあわせている。

漆黒の芸の伝統は、初代雪香から二代峰香《ほうこう》、三代香仙《こうせん》へと受け継がれ、いまは四代目宗香《そうこう》の手で守られている。こうした伝統の技が継承される輪のなかに自分もいる！　そのことに香苑さんは、見えない糸でたぐられているような不思議なものを感じるのだ。

四年前、高円宮殿下と妃殿下が二人の工房を公式訪問された。伝統工芸に理

椿文様欅小鉢

解の深い両殿下の訪問を受けたことは、大下夫妻にとって名誉なことである。

香苑さんはそのときの思い出をこう語った。

「夫の手になる印籠を献上した返礼の意味があったのかもしれません。でも私はあのとき、夫が加賀蒔絵を正当に継承していることが公認されたのだと思いました」

彼女にとって夫・宗香さんは、良きライバルであると同時に、師でもあった。夫を師として尊敬しながら、彼女は師とはちがった独自の世界、すなわち色漆《いろうるし》の世界を開拓していく。

「夫が加賀蒔絵の正当を追求するなら、私は色漆への挑戦を続けよう。それが、私の道だと信じてやっています」

目をつぶれば見えてくる雪の原野。その雪野が無限の色彩を映しだす光景を、漆黒ならぬ色漆で表現してみたい。彼女にとってその気持ちはごく自然に湧いてきた欲求だったろう。

「霧の中の少女」は、白い帽子をかぶり、手に鈴蘭の花を持って林の中に立つ少女を描いた小箱である。少女はオレンジ色に映えるノースリーブのワンピースを着ている。長い冬のあいだ、大地を覆いつくしていた雪がとけ、人々がようやく重い防寒コートを脱ぎ捨てる季節の、すがすがしい絵だ。少女の着ているノースリーブが、爽やかな解放感を表現している。

「絵の具のかわりに色漆で絵を描くの。私は漆で妖精を描きたい。無垢な少女を描きたい。この作品も、無垢な少女の汚れのないイメージを追いかけたつもりです」

荒涼たる雪原の向こうに、彼女は妖精のような明るい少女の姿を見ているのかもしれない。

家族それぞれが歩む匠の道

うまい蕎麦を食わせてくれる店であった。インタビューの中休みに、大下夫妻は次女の亜紀子さんと私を地元の蕎麦屋につれていってくれた。亜紀子さんは金沢の大学で日本画を学んでから両親のもとで蒔絵の修業をしている。私はその若い蒔絵師のたまごと並んで天ザルを食べながら、彼女のきれいなマニキュアに気がついた。

「おっ、マニキュアしてる蒔絵師っていうのもしゃれてるね！」

思わず言った私の言葉に、両親が微妙な反応を示した。

「ほうらね」と、亜紀子さんは両親に視線を送る。

父も母も、娘の言葉にはこたえず、香苑さんは私に向かって「そうかしら」と呟く。そのとき私は理解した。きっとこの親子は、マニキュア論争を何度かくり返しているのだろうと。

「いいと思いますね。そのうち茶髪の伝統工芸士が出てくるかもしれない。それも、いい」

「えーっ！」

そこで話題が変わった。大下家の価値観にまで踏み込むつもりはない。ただ私は、伝統を守る職人さんが生活習慣まで、昔に引きずられることはないと思っているだけだ。

マニキュアをした工芸士のたまごは、両親からしたたかに技を仕込まれ、いずれみごとな変身を遂げるだろう。亜紀子さんは親をのりこえ、周囲をびっくりさせるようなオリジナリティーを発揮するようになるかもしれない。色漆の妙なる美しさで独自の世界をつくり、尊敬する夫とひと味ちがった道を歩きだした母と同じように。

長女の百華《ゆか》さんは東京の美大で版画を学び、いまは両親と同居して画作を続けている。奔放な構図、のびやかな筆致はきわめて男性的なものであった。すでに何度も個展を開き、評価も高い。彼女の夫も、アーティストである。こちらは木彫の造形家で、若い透明な感覚を表現している。

このように、大下ファミリーは全員がアートの世界に住んでいる。言ってみれば、家族がそのまま一大クリエーター集団なのだ。創造のマグマが、この家

［上］花菖蒲文欅八寸鉢
［下］春日山蒔絵姫硯箱

庭にはみなぎっている。

香苑さんの創作意欲も、こうした環境のなかでますます高まっていくだろう。

これまでに手がけた作品は、棗《なつめ》、銘々皿《めいめいざら》、菓子器、香合《こうごう》、椀、盆など、茶道の器から日用食器まで多岐にわたる。二〇〇〇年、京都織成館《おりなすかん》で行われた「女性伝統工芸士九人展」、そして福岡での「第一回女性伝統工芸士展」で、これら彼女の作品は多くの参会者の喝采を博した。

「画家になりたい!」という夢を、夫とともに蒔絵に託した女性伝統工芸士・大下香苑は、雪原の多彩な原風景を自らの作品に投影させている。

木地師《きじし》とともに発展した山中漆器

「木地師」という職業をご存じだろうか。良木を求めて全国の深山に分け入り、そこに集落をつくって木地挽きをしていた人たちだ。栃や欅などの良木を伐採し、手ごろな大きさに切って椀や盆などの生活用品をつくる。チョウナという道具で椀の形に木をえぐり、轆轤《ろくろ》にかけて仕上げられる。

かつて木地師たちは、全国の天領の山々に自由に入ってもよいという特権を与えられ、時の政府から手厚い庇護を受けていたという。それだけ日本では、木地師の仕事は重要なものであった。

材料革命によってプラスチックなどの合成樹脂が登場し、木地師の仕事は急速に減ってきた。しかし、現代もなお木地師は、伝統工芸の世界に生きている。木地を基本にする伝統的な漆器づくりには、木地挽きの精緻な技は欠かせない。

山中漆器の里でも、大下夫妻の案内で木地師・佐竹一夫さんにお会いすることができた。佐竹さんは大下夫妻の作品の木地を挽いている方だ。工房にお邪魔して轆轤挽きの作業を拝見したが、その手技の妙には目を見張った。一夫さんの息子さんも、轆轤を挽いている。

もともと山中漆器は、美しい木目を生かした透明塗りの技法を特徴としている。したがって、良い木地師がいなければ良い塗りものはできない。山中漆器も、佐竹さんのような優れた木地師とともに発展してきたといえるだろう。

桜文様振り袖

京友禅◆岡山武子―おかやま たけこ―

武子ぼかしで
新しい友禅染をつくる！

宮崎友禅斎によって考案された防染技法は、
より自由な意匠と色彩の表現を可能とした。
「京の雅」を地でいく岡山武子さんは、
友禅染の技法をぞんぶんに生かし「武子ブランド」の創作にはげむ。
独特のぼかしの手法を生かした作品は、
ヨーロッパやアメリカで開いた個展で披露され、喝采を浴びた。

まっすぐに主張を述べる爽やかさ

「武子ブランドをつくりたい！」

と、岡山武子さんはまじめな顔で言った。どこかに冗談ぽいニュアンスでもあれば、こちらもいいですねと笑ってこたえるところなのだが、正面きって大まじめに言われると返す言葉に窮してしまう。聞きようによっては、自信過剰なアーティストの、鼻もちならない自己顕示に聞こえる言い方ではないか。

しかし、きわめて不思議なことに、この単刀直入な彼女の言い方に私はなんの嫌みも感じなかった。それは、彼女自身、自分の発言が相手にどう受けとめられるかなどということをまるで問題にしていないからだろう。というより、正義を語るのになんの遠慮が必要なのかといった、爽やかな開き直りさえ感じられる。

武子さんは小柄な身体をぴんと伸ばし、背筋を正してものを言う。視線は、私の目をまっすぐにとらえて離さない。一切のよどみやまやかしを拒否する直球勝負の生き方を好むタイプの方であった。

このことは、武子さんへの三度のインタビューを通して私がずっと感じてきたことである。最初は一九九九年五月、京都織成館《おりなすかん》での展示会のとき。初めてお会いする私に、彼女は「新しい感覚の京友禅をつくりたい」と熱っぽく語ってくれた。京友禅を代表する女性伝統工芸士として女性ならではの新感覚を打ちだすのだという情熱を、ひしひしと感じたものであった。

二度目は二〇〇〇年九月、福岡で開かれた「第一回女性伝統工芸士展」のときである。このときの武子さんは、日本の着物文化を海外に伝えるために自分はできるだけ積極的な役割を果たしたいと、目を輝かせて未来の抱負を語った。

三度目。私は京都伏見区の岡山工芸(ここが岡山耕三・武子夫妻が一九六八年からやっている友禅工房である)へお邪魔し、武子さんの制作現場を取材した。工房一階には色とりどりの製品、半製品がところせましと並べられ、二階には京友禅独特の糊置きや友禅挿しの作業場が連なっていた。その日は日曜日で、岡山工房の六〇人の社員たちにお会いすることはできなかったが、ウィークデイの活気あふれる様子は十分に想像できた。

三度の取材を通じて、彼女は一度としてまっすぐな語り口を崩さなかった。何のてらいもこだわりもなく、自分の思うところをストレートに主張する。相手から「なんと自己主張の強い女性だろうか」と思われようと、そんなことには頓着しない芯の強さがはっきりとあらわれていた。人に倍する情熱をつねに抱いて、それを前へ前へと打ちだしていく。夢を語り、情熱を披瀝するのになんの遠慮がいるものか。そうした、あくまでもまっすぐな道を歩くのが、武子さんのてらいのない生き方なのだと私は気がついた。

さて、三度目のインタビューの日、一階奥の応接室で武子さんが開口一番、私に語った言葉が、冒頭の「武子ブランドをつくりたい！」だったのである。

……………海外に、着物文化の種を播く

江戸中期、宮崎友禅斎によって創始された京友禅は、宮中絵巻や御所車など、貴族文化をデザインすることで大ブレイクしたものである。のちに加賀で花開く加賀友禅が藍《あい》や臙脂《えんじ》、草色などの原色に近い加賀五彩《かがごさい》を使って鮮やかな色彩美をつくっていくのと対照的に、京友禅は淡い中間色を基調にした高貴な色合いをたいせつにしていった。

京友禅の発展に大きく寄与したのが京都、室町の産地問屋である。着物を愛する問屋の旦那衆は、結束して京友禅の流通・普及に尽力してきた。室町の努力なくして、今日の京友禅の発展はなかったと言っても過言ではない。この意味で、友禅の伝統を守り、伝統を大事にする職人を育て、日本の着物文化を培ってきた室町の功績は大きい。しかし一方でその室町は、長い歴史のなかでひとつの権威となっていった。少し大げさに言えば、室町の意向に逆らうことはこの世界で生きることを断念することにほかならないほどの権威でさえあった。

武子さんは、自分の意識のなかで室町からの脱却を志した。室町が京都の、

いや日本の着物文化に果たした役割に計り知れないものがあることを武子さんは熟知している。しかも、彼女が今日まで二人三脚で岡山工芸を支えてきた夫・耕三さんは、京友禅の伝統を守る室町の心意気に感じ入り、その流れのなかで仕事をしてきた伝統工芸士である（一九九四年、耕三・武子夫妻は京友禅で初の夫婦伝統工芸士となった）。その夫の努力を誰よりもよく知っているのが武子さんであることは言うまでもない。

耕三さんが古典にこだわり、京友禅の伝統を守る姿勢を貫くなかで、武子さんは別の道を歩きだしたのである。夫婦のあいだで「古典」と「新しさ」をめぐる議論が何度くり返されたかは知らない。いずれにしても、二人の創造者のあいだで、この古くて新しい大テーマがじっくり語り込まれていることは確実である。

一九九七年、武子さんはパリで作品展を開催した。パリ在住の洋服デザイナー龍野浩二《たつのこうじ》さんと組んでの初の海外出品であった。このとき耕三さんは思わず「着物の業界にいてなにがヨーロッパや」と言ったものである。日本でさえ着物を着る人が減って業界が苦しんでいるときに、なぜ海外なのかという素朴な疑問であった。武子さんには夫の言いたいことが痛いほどよくわかった。しかし彼女は浩然と答えた。

「だから私は、海外に種を播きたいんや」

耕三さんの偉いところは、つねに武子さんの才能を最大に引きだそうとしているところである。妻が決心したことはすべて応援しようと腹を決めている。種を播きたいという武子さんの一言で、計画はすぐに実行された。

ルイ一六世の古城で行われたパリでの展示会は大成功をおさめた。武子さんの斬新な小物デザインは多くの注目を集め、着物を洋服に直して展示した作品は「和洋の絶妙な融合」と評価された。

二年後、武子さんはアメリカに転じ、こんどはニューヨークでの個展を成功させる。このときはニューヨークにアトリエを持つコンピュータグラフィックス・デザイナー天野喜孝《あまのよしたか》さんと組んでのイベントだった。天野さんの前衛メルヘン画と武子さんの友禅画のマッチングが来訪者の目を引いた。

翌二〇〇〇年八月は、オランダ・ミデルブルグ市での展示会である。日蘭友好四〇〇周年の記念事業として行われた「日本の衣展」に、日本側の作家として選ばれたのが武子さんであった。このときは着物のファッションショーも催され、鮮やかな黄色地に満開の桜を描いた武子さんの着物は満場の喝采を浴びた。

以上三回の海外イベントで武子さんの得たものは、秤《はかり》にかけて計量できるものではない。それは武子さんのもっとも身近にいて彼女の夢の実現を見ている耕三さんが認めたところでもある。

武子さんがめざす室町からの脱却が、決して室町のつくってきた文化を否定するものでなく、道は異なっても結局は同じ目的地に向かっているのだということを、ほかならぬ耕三さん自身がいちばんよく理解しているのだと、私は思う。

仕事のなかで夢をみたい

「仕事のなかで夢をみたい！」と、武子さんは言う。

夢をみることは万人に共通した創造への第一歩であろう。とりわけ創造への欲求が強いアーティストには、夢が作品の飛翔の原動力となる。

少女期から絵描きになることを夢みて育った武子さんは、中学の工芸科に在学中から京都市主催の絵のコンクールに出品し、いくつもの賞をとってきた。工芸科を卒業して就職したところが清水焼の小さな窯元である。轆轤《ろくろ》師と絵付師が一人ずついるだけの窯元だったが、そこに中学を出たばかりのおかっぱ頭の少女が「絵を描きたい」と言って入っていったのだから二人の先輩職人は驚いた。厳しい修業にいつまで耐えられるものかと二人の先輩が危惧したとしても不思議はない。しかし、先輩職人の予想に反して、武子さんは四年半、絵付けの修業に耐え抜いた。絵付けの先輩は彼女のがんばりに驚き、自分のもてる技を親身になって若い妹弟子に伝授した。武子さんがそこで学んだ運筆の技は、

いまの武子友禅が生まれる基礎となっている。

五年目の夏、武子さんは京都ホテルで行われていた着物の展示会を偶然のぞき見て、友禅の美しさに圧倒される。彼女の目は、ひとつの作品に釘付けになった。そのときに見た絵の衝撃を、彼女はいまでも忘れない。絹の白生地に水墨の淡彩で梅の絵が描かれていた。着物の裾から上部に立ちあがるように描かれた絵の伸びやかさに、武子さんは焼物の絵付けでは味わえない勢いを感じた。

「これだ!と、叫びだしたいような衝撃でした。身震いするような感動っていいますが、あのときの私がそうだったのね。大きなキャンバスに描きたい。私の夢は、絹のキャンバスのなかで実現するんだと、いきなり思い込んでしまったの」

それからの彼女の行動は早かった。焼物の修業をさせてもらった二人の先輩に頭を下げて退社し、数日後には京友禅の染屋に飛び込んでいた。一九六四年、武子さん二一歳の夏である。

染屋に飛び込んだ彼女は、応対してくれた店の主人に「私は描けます。描かせてください」と言った。まさに藪から棒の、思い立ったら止められない式のもの言いである。単刀直入、信じることには一直線といった武子流生き方が、その当時からあらわれていた。

清水焼の絵付けを四年少し修業したとはいえ、その技が友禅染の世界でいきなり通用するわけがない。まして二〇歳を超えたばかりの若い女性に、伝統ある京友禅の絵が描けるなどとは誰も思わないだろう。しかし、染屋の主人は、武子さんのまっすぐで、ひたむきな情熱を買ってくれた。

そこで四年、白生地を染めるゼロからの修業がはじまった。

夫・耕三さんと出会うのはそのころである。一九六八年結婚、耕三さんとともに独立して、今日の岡山工芸を立ち上げる。

……………型破りの楽しさを着物のなかに生かしたい!

インタビューのあいだ、武子さんは何度となく「人真似は嫌い」という意味の言葉をいくつか口にした。

「型破りの楽しさ、それを着物のなかに生かしたい」

「いままで誰もやらなかったような大胆なデフォルメに挑戦したい」

「海外に持っていっても、みんなからわーっ!と声が上がるような作品をつくる」

これらの言い方は、いずれも武子さんの挑戦の意志をあらわしている。

武子さんは「桜文様振り袖」で、円山公園のしだれ桜と加茂川の流れを描いた。鮮やかな桜色と加茂川のきらめきが人生の晴れの舞台を予感させてくれる。

三〇余色の染料

[上]「武子ぼかし」ストール
[下]トランプとアルファベット文様帯

「武子ぼかし振り袖」は、目の覚めるようなトルコブルー、サンゴ朱、アメジスト紫、エメラルドグリーンをみごとなぼかし文様でまとめている。ぼかし、すなわちグラデーションは、京友禅の伝統技法のひとつである。この技法を、武子さんは多彩な色を組み合わせることで新感覚のデザインに生かして見せた。

ニューヨークでの個展の帰路、飛行機に乗り合わせたアメリカ人ファミリーがトランプゲームを楽しんでいた。元気のいい子どもたちがハート、スペード、クラブ、ダイヤのカードをめくりながらきゃっきゃっと興じている。何気なく見ていた武子さんは、帰ってから突然、帯の模様にトランプの絵を染め込んだ。さらに思いついたのが昔懐かしいアルファベットのビスケット。トランプのカードとアルファベットという思いがけない組み合わせ文様が、実に楽しげな雰囲気をかもしだしている。

いずれも、武子さんのイメージが奔放に躍動した作品と言えるだろう。

「私は自分で着たいと思えるものしかつくりません。人真似が嫌いな私が着たいものならきっと……」

わかってくださいと言わんばかりに語尾をにごした武子さん。言いたいことはわかっている。真似の嫌いな彼女が着たいと思う着物といえば、おのずからすべて「オリジナル」である。

それが、彼女の言う「武子ブランド」なのであろう。「仕事のなかで夢をみる」

武子さんの挑戦は、これからが本番を迎えるのかもしれない。

「夢」の字を作品に組み込む心意気

茶壷を飾るくみひも

京くみひも❖梶 操
——かじ みさお——

「高台六八玉」という高度なくみひも技術がある。
これを完璧にマスターしているくみひも師は少ない。
梶さんは、この難度の高い技術を駆使して、
帯締めに自作の俳句を組み込んでいる。
「夢」の字を組んだ彼女の三部作は、展示会でも絶賛された。

……………絹糸の多才な個性と一本のくみひも

「金八先生」の特集番組を見た。3年B組の教え子たちが卒業一年目に再会したところからドラマが始まる。進学した高校でいじめに遭っている子、高校生活についていけず、途中退学した子、金八先生の娘の大学受験、少子化の影響で桜中学が他校に統合される話など、さまざまな変化を乗せて物語は進行する。そしてエンディングは、昔の教室に勢揃いした元3年B組の生徒を前にした金八先生の熱っぽい語り……。

すっかりおなじみになったいつも通りの展開で、「この日、この時、この教室に集う」ことの意味が問われていく。「組」を共にし、そこでたがいの情熱をぶつけ合うことがいかにすばらしいことか、武田鉄矢の金八節は今回もまた冴えわたった。

思えば人は、生まれたときから「組む」ことをおぼえ、「組」のなかで成長していくのかもしれない。家族という組、年少・年長さんという組、3年B組という組、学生サークルという組、会社という組、地域という組、見渡せば周囲はあらゆる種類の「組」のオンパレードである。

ときに、組から脱出したい人はアウトロウに走り、荒野をめざすが、多くの人は組のなかでの安寧、安心を求める。

くみひもの取材をすすめながら、私はずっとこんなことを考えていた。色の違う何本もの絹糸が、くみひも師の手でたんねんに組みあげられ、太い一本の紐になる。色の異なる糸を人に見立てれば、くみひもはまさに、人間社会の「組」の縮図のようであった。

……………これだから、人の社会はおもしろい！

「京くみひも」の伝統工芸士・梶操さんも、くみひも師になる以前は小学校の先生だった。一人ひとり違う子どもたちの個性をどう引きだすかということにとりくんだ、教育現場での経験をもっている。だから、くみひもの世界に飛び込んでからも、一本のくみひもができるまで多数の糸が寄り合わさっていくことに格別の興味を抱いた。言ってみれば、くみひもは個性と個性の集合なのである。

操さん（七三歳）は茶処として有名な京都・宇治のサラリーマンの家庭に生まれた。一九四五年、府立桃山高等女学校を卒業し、地元の小学校教師となる。一年生のクラスばかり五年間担任した。小さな胸に期待と不安をいっぱい詰め込んで入学してくる子どもたち。一組に四〇人の児童がいれば、まさしく四〇とおりの個性があることを操さんは五年間感じつづけた。あっという間に組になじみ、いつの間にかクラスの人気者になっていく子、引っ込み思案で自分を主張できず、なかなか友だちのできない子、勉強は苦手でも運動会の花形になる子等々、実に多彩な色を放つ子どもたちと接しながら、操さんは「これだから人の社会はおもしろい」と思ったそうである。子どもたちの多彩な色を見てきた五年間が、くみひも師としての操さんの得がたい栄養になっていることはまちがいない。

一九五一年、操さんは同僚教師だった梶昇さんと結婚。その昇さんの実家が京くみひもの職人の家であった。彼女がくみひもの世界に接したのはこれが初めてである。

夫となる昇さんは結婚する前からくみひもの修業を始めていた。教師を続けながらの修業であったが、しだいにくみひもに熱中していく夫を見て、操さんは「私もこの道に入ろう」と思うようになる。理由はさきに述べたとおり、くみひもの世界にたくさんの個性を組んでいく楽しさを発見したからである。

「やる以上は、この仕事を一生のものにしたい」

夫とともに進む道とはいえ、学校のかわいい子どもたちと別れて未知の世界に踏み込んでいくのだ。それだけに操さんの決意は、夫の昇さんも驚くほど固く、確信に満ちたものであった。

の用途
ひも（たち）
ひも（くけ）
ひも（つかね）
ひも（より）
ひも（まき）

オリジナルデザインを組むために

操さんは結婚と同時に教師をすぱっと辞め、夫の母に師事してくみひもの修業に入る。はじめは無地専門の修業だった。柄物を組めるようになるのはずっと後のことである。柄物は、伊賀から来たくみひも師の手の動きを見て技を盗んだ（今日、伝統工芸品として指定されているくみひもは「京くみひも」と「伊賀くみひも」の二つ。当時、梶家の工房に伊賀くみひもの職人が来て、仕事を手伝っていた）。

柄物の注文にも応えられるようになった操さんは、それで満足したわけではない。彼女は自分でデザインしたくみひもをつくりたかった。そのためには「綾《あや》書《が》き」という、くみひもの組み手順を書いた指示書が必要だった。注文を受けたくみひも師は、示された綾書きに沿って作業する。ところがその綾書きを書ける職人が少なかった。操さんは、自ら綾書きを書くノウハウを学び、くみひも教室を開いた。綾書きがあれば、教室に集まる生徒たちに、くみひもを教えることができる。コラムにも登場する海津《かいづ》三秩子《みちこ》さんは、操くみひも教室一〇年来のお弟子さんである。

操さんの綾書きは、一本一本のより糸の個性を引きだすように配列されている。作品に表現しようとする色の組み合わせを配列するとき、彼女の脳細胞は画家がキャンバスに向かうときのそれと同じように動く。

好きな色は、紫と薄緑。紫は地味な味わいのある古代紫でなければならない。そして薄緑は、おうす色。茶処・宇治に育った操さんならではのこだわりの色である。

……暗号のような綾書きと高台六八玉

写真の綾書きは、「元日や松しつかなる東山」という山口誓子の俳句を、「高台《たかだい》六八玉《ろくじゅうはちたま》」で帯締めに組み込んだときのものである。まるで、暗号である。１番から１６番まで並んだ記号にどんな意味があるのか、そしてこの綾書きが何を指示しているのか、素人にはかいもく見当もつかないが、これで元日の「元」の字だけが組めるのだという。この句を組む綾書きを見せてくれるよう頼んだとき、操さんが「それは大変。たたみ一畳あっても書ききれないわ」と笑ったわけがこれでわかった。五七五のたかが一七文字、それくらいの文字を組む指示書ならきっと簡潔なものだろうと思った私の素人考えはみごとに裏切られた。

ここで「高台六八玉」について、ふれておこう。くみひもは台の周囲に何本もの糸をめぐらせ、それを両手で回しながら組んでいく。糸は重しを兼ねた木玉に巻かれ、組むときに必要な分だけくみひも師の手加減で引きだされる。操さんの工房で使っている糸は、主に「九本三合《きゅうほんみこう》」という正絹糸を四〇本より合わせたものだ。絹糸は〇・〇三ミリ程度のきわめて細いものだから、それを撚糸屋《よりいと》さんがくみひも用に四〇本束ねてくれる。九本三合とは、撚糸屋がつけた呼称である。

高台は、丸台、角台とともに、くみひもの代表的な組み台のひとつ。丸台、角台より高度なくみひも台とされる。つまり「高台六八玉」とは、高台のまわりに六八個の木玉をめぐらせて組む手法である。

通常、帯締めを組むのに使う木玉の数は一六個。すなわち角台一六玉が標準とされている。したがって、操さんが山口誓子の句を組み込んだ六八玉の作品は、熟達のくみひも師でなければ組めない高度なものだったのである。

一九七六年四月、京都勧業会館を視察された三笠宮両殿下の前で、操さんは同じ高台六八玉のくみひもを実演した。京くみひもを代表する匠として彼女が認められた瞬間である。

……………機械化を導入した「昇苑くみひも」工房の道のり

昭和三〇年代、くみひもの需要が急増したときがある。経済の高度成長とともに、手組み帯締めの注文が梶夫妻のもとに押し寄せてきた。操さんは夫と二人、工房に高台をならべ、注文をこなす毎日が続いた。とても自分のオリジナルカ

ラーを主張できるだけの余裕はなかった。結婚七年目の春、夫・昇さんは工房を有限会社「昇苑くみひも」に法人化し、くみひも機械を導入する。需要に追いつくため、注文の一部を機械組みにしたのである。

機械化については夫婦のあいだで幾晩も議論がかさねられた。

「夫も私もずいぶん迷いました。手組みの良さをいちばん知っている私たちですから、いくら需要をまかなうためといっても迷いはずっと消えません。いえ、消えないどころか、機械を入れたあとまで続きました」

操さんは言葉を選びながら、当時をふりかえる。

「機械化して職人さんが来るようになってからも、夫は自分の作品を手組みで続けました。もちろん私も同じ」

機械工房とは別棟の部屋に、数々のくみひも作品が展示されている。紅白の海老、鶴、金銀の龍、宇治茶の茶壺、棗《なつめ》、能面の紐、瓢箪《ひょうたん》、屋形船など、くみひもの珍品ぞろいだ。

「みんな、夫が残した作品なの」

一つひとつに目をやりながら、操さんはひとしきり昔語りを始めた。台をならべて手組みの精進を競った夫の心意気を、操さんはいまも忘れていない。夫がくみひもの新天地をめざすなら、私も自分のオリジナルに挑戦しよう——その決意は、工房に機械が入ってからますます強くなっていったようである。昇さんが亡くなったのは、くみひも業界の需要が冷え込んだ一九九二年であった。

「夢」の字を組み込む！

夢の字を紐に組み込み二月尽

この句は操さんの自作である。俳句をよくする彼女は、自作の句を帯締めに組み込んだ。
「夢」の作品は二本ある。一本は墨一色の背景に夢の字を白く抜き、裏地にねずみ色を配した。もう一本は表の地色を濃いピンクに組みあげ、夢の字を白く抜き、裏を白地にした。印象の異なる二本の「夢」の作品は二〇〇〇年五月、京都織成館《おりなすかん》で行われた「女性伝統工芸士九人展」で発表され、操オリジナルとして定着する。

花散るを映して紐の上に画く
ライフワークにわがくみひもの初日組む
京行事紐に組みあげ春うらら

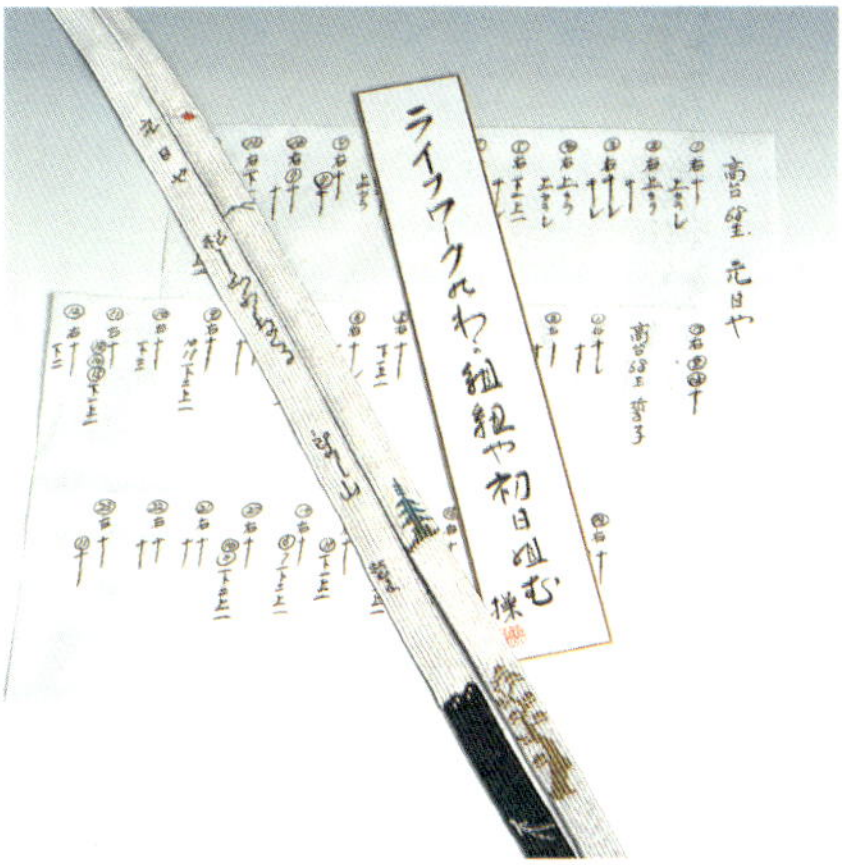

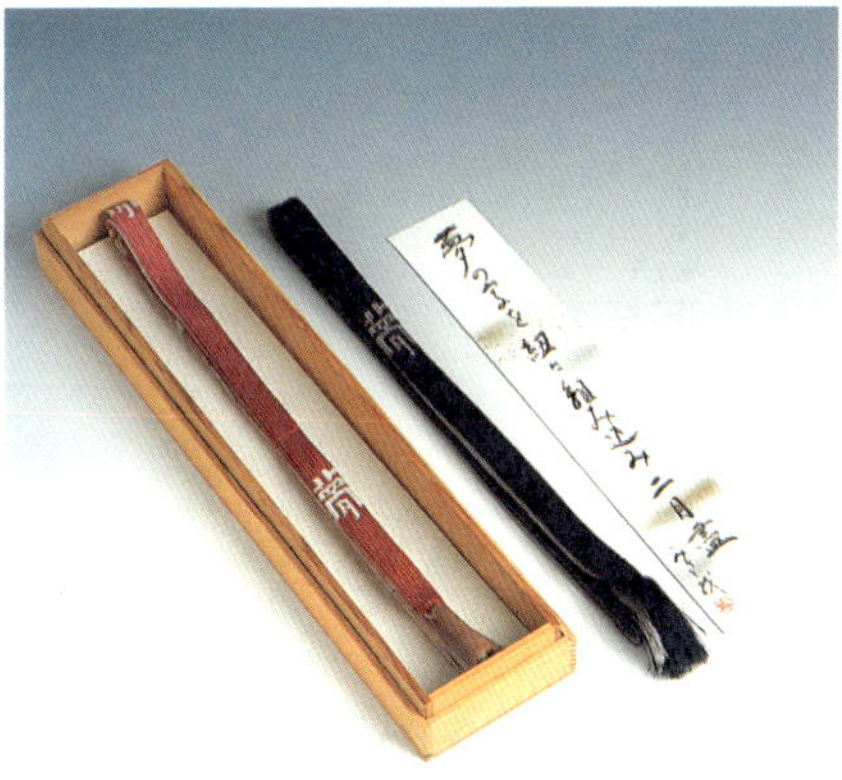

［上］まるで暗号のような綾書《あやが》きの一部
［中］「夢」の字を組み込んだ帯締め
［下］海老と亀のくみひも作品

これらの句はみな、くみひも師・梶操の作品づくりにちなんだ句である。

冒頭に例を引いた「三年B組金八先生」の話も、操さんの「夢」作品と共通するものがある。操さんは、夢の字を組みながら、九本三合の糸がもつそれぞれの個性を作品のなかでめいっぱい開かせようと夢みているのだと、私は思う。

「京くみひも」と「伊賀くみひも」の伝統

くみひもの起源は飛鳥・奈良時代にさかのぼる。そのころすでに、中国や朝鮮から伝わった唐組、高麗組のくみひもが組まれていた。その後、くみひもは武具(刀剣、甲冑など)の飾り紐として重用されるようになり、また、経巻、袈裟、数珠などの神仏用品、手箱、机帳、額縁、屏風、掛け軸などの調度品にも欠かせぬものとなった。江戸期以降、くみひもの代表選手となったのは帯締め・羽織ひもである。しかし、時代の変遷のなかで武具は無用のものとなり、生活の欧風化とともに神仏用品や調度品の需要が極端に減少する。いきおい、くみひもの生産も限りなく減った。決定的なダメージは着物の生活習慣が薄らぎ、洋装全盛になったことである。

しかし、「京くみひも」と「伊賀くみひも」の二大伝統くみひも産地では、現代の生活に合わせたくみひも需要を喚起しようと懸命の努力をかさねている。羽織袴が背広に替わるなら、羽織ひものかわりにネクタイやベルトをつくればいい。また、新味のあるところでは装身具としてくみひものネックレスやブローチなども開発された。最近は携帯電話のストラップにくみひもが登場し、若者たちのあいだで人気を博している。

いずれの新商品も、くみひもという伝統工芸品を現代に伝えようとする工芸士たちの創意工夫のあらわれである。

❖❖❖

梶操の京くみひも教室

梶操さんが始めた「京くみひも教室」は二〇年近く続いている。丸台、角台、高台を使ったくみひもづくりを初歩から教え、これまでに数十人のくみひも師を育ててきた。海津三秩子《かいずみちこ》さんもその一人。絹ものが人一倍好きな海津さんは、操さんと出会ってくみひもの美しさに魅了され、教室に一〇年通っている。すでに組みあげた帯締めは一〇〇本を超えた。手組みの技を修業するたびに、くみひもの奥の深さに圧倒されるという。この道四〇年を超える操師匠が、いまもなお自ら研鑽の情熱を失わない姿に感動しながら、自分も師の後についていこうと心に決めている。

「絞り」と「ほどき」のあいだを往復して五〇年

京鹿の子絞❖川本和代《かわもと かずよ》

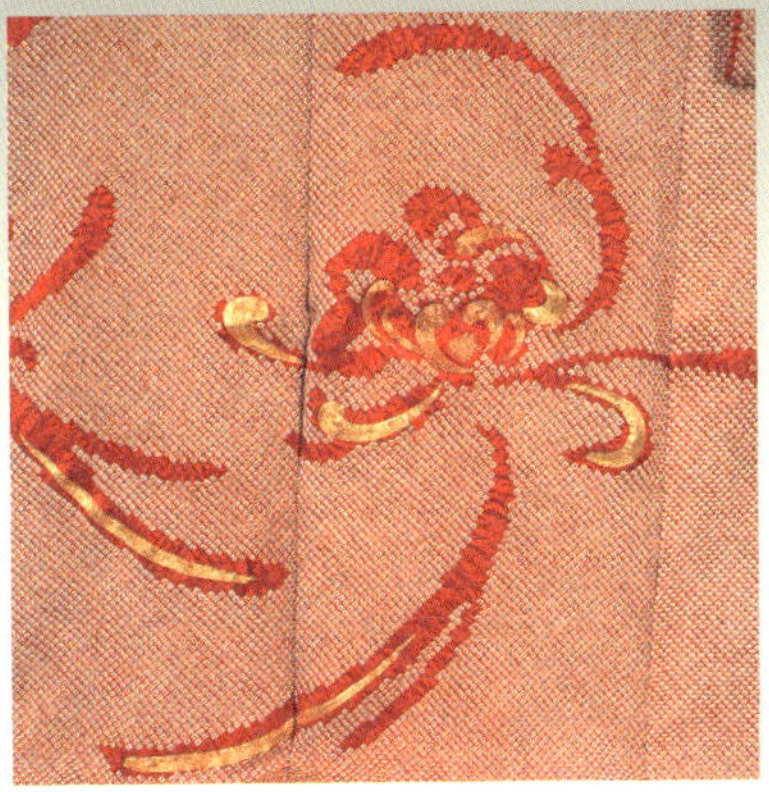

花草文様疋田総絞振り袖

「鹿の子」とは、染めあげた文様が鹿の斑点模様に似ていることにちなむ呼び名。防染部分を糸でくくって染めを留める京鹿の子絞の代表的な手法が、疋田絞である。一目一目、気の遠くなるようなくくりの作業が華麗な鹿の子絞の着物を生みだす。川本さんは、家紋やおめでたい文字を絞り文様で表現し、新境地を開拓した。

……………「鹿の子」の女性は腕相撲が強かった！

「ほーらね」と、彼女は笑いながら左腕の力こぶを見せてくれた。右手はもっとすごいのよと言う。

「腕相撲しましょうか」と、言ったのは私のほうであった。腕相撲なんてもう何十年やっていない。まして女性相手に！　思わず私にそう言わせたのは、きっと彼女の底抜けに明るい陽気さのせいだったろう。

川本和代さん、京鹿の子絞の伝統工芸士である。一九四一年、太平洋戦争が始まった年に京都・西山で生まれた。父は植木職人、母もまた「結子《ゆいこ》」という絞り職人、二人の姉は母から絞りを習っていた。家族全員が匠という職人一家に育った川本さんは、ごく当たり前のように、絞りの道に入る。

「私が最初に絞った日……？　はっきりは覚えてないけど、八歳のときにはもう鹿の子屋さんから帯揚げなどの仕事をもらってました」

八歳といえば、まだ小学二年生の子どもである。その年で「絞り」の専門問屋である鹿の子屋の仕事をしていたというのは信じがたい。彼女は小学校に上がったころから母の手ほどきを受けていたのである。

「絞ってはほどかれ、こんどは気をつけて絞ってみてもまたほどかれ、その連続。母は、子どもにも厳しかったから」

しかし、いくら厳しく仕込まれても、彼女は苦痛と思わなかった。「ほんと、性に合っていたとしか思えません」と言って、屈託のない笑顔を見せた。実に、よく笑う人である。ことし還暦を迎えた川本さんは、人生の九割近い歳月を、「よく笑いながら」絞りの道一筋に歩いてきたのだろう。

さて、腕相撲である。軍配はどっちに？

いや、その答はさておき、彼女が相当な手練れであることは間違いない。とても、還暦の女性とは思えない手の弾力。その秘密が、絞りの仕事そのもののなかにあることはすぐにわかった。

二〇万粒を絞る

「鹿の子絞」は、染めの芸術である。染めあがった文様が鹿の斑点に似ているところからこの呼称がついた。起源は、『魏志倭人伝』の昔に遡る。女王卑弥呼が斑布《はんぷ》を魏の王に献上したという記録があり、この斑布が鹿の子絞の原点だったのではないかという説である。それはともかく、室町のころには「辻が花染」がすでに登場していた。今日、一竹辻が花《いっちくつじがはな》はあまりにも有名だが、辻が花染めはまぎれもなく鹿の子絞の作品である。

鹿の子の特徴は、染めの手法にある。ろうけつ染めは防染部分を蝋で留め、友禅染は糊で留めるが、鹿の子は布を絞って留める。防染とは、読んで字のごとく色の染みだしを防ぐこと。文様に彩色しても、その色が地色部分に染みだしてしまったらデザイン全体が台無しになる。そのため、いかにして染みだしを防ぐかが、染め工芸最大の課題であった。

鹿の子絞でもっとも代表的な技法は「疋田絞《ひったしぼり》」。ほかに「一目絞《ひとめしぼり》」、「桶絞《おけしぼり》」、「帽子絞」など五〇種を数える手法がある。

疋田絞は、布上に無数の絞り目を粒状に書き、その一粒一粒を丹念に糸でくくって防染する。

染色品の技術向上は、防染との闘いだったわけだが、絞りで染めを留めるというきわめて素朴な技法が、友禅染とともに芸術の域に高められてきた。

疋田の総絞りは、絞り目を斜め四五度にそろえて絹布一面を埋めつくす。絞り目の数は、振り袖の場合がおよそ二〇万粒、訪問着が一八万粒。「結子」と呼ばれる絞り職人は、気の遠くなる時間をかけて二〇万粒の絞り目を糸でくくる。着尺一反の総絞りを完成させるまでにかかる時間は、早い人で一年、通常は一年半を見なければならない。ひとつの作品にかける期間の長さとしては、ペルシャ絨毯のそれに匹敵しよう。

総絞りの着物を見て、その美しさに思わず溜息をつく人が多い。それもそのはず、二〇万粒の絞り目を絞りきった振り袖の美しさの陰には、結子たちの、

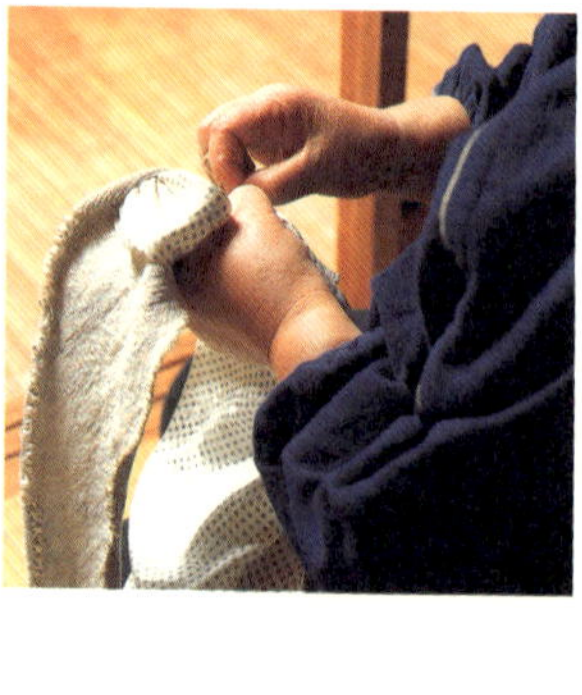

それこそ溜息の出るような長い長い仕事が横たわっているのだ。

力こぶは、「結子」さんの勲章

川本さんは、主に疋田を絞る結子さんである（「結子」という呼称が、いまは「絞結師《こうけつし》」に変わった。川本さんは「結子」という優しい呼び名が好きというが、彼女の伝統工芸士資格は「絞結部門」で認定されている）。絞結は、鹿の子絞の工程（コラム参照）のなかで、もっとも時間と労力のかかる、そして仕上がりの風合いを決する工程である。

彼女の気の遠くなるような時間の使い方を聞いてみた。

「私の仕事は座布団一枚あればどこでもできる。まるで高座に上がる噺し家みたいねと言われるの」

なるほど、他の工芸品が機械と道具にこだわり、工房を必要とするのに比べ、結子は機械も道具も使わない。両の手に生地と糸を持てば仕事になる。座布団一枚あればいいとは、言い得て妙な表現ではないか。道具といえば、両手一〇本の指だけなのである。これほど完璧な意味での手仕事は、伝統工芸ひろしといえどもほかにはない。正真正銘、手技、指技だけで、あの溜息の出るような作品を生みだしていく。

川本さんは、一〇本の指をフル稼働させる。怠けている指は一本もない。右手の五本も、左手の五本も、すべて大役をおおせつかっている。どの指も、私は端役だからといってさぼるわけにはいかないようなのだ。彼女の仕事を見ているうちに、一〇人の役者衆が懸命にそれぞれの役を演じる舞台に似ていると思えてきた。

布を持つのは左手、糸を持つのは右手である。

まず左手の中指、薬指、小指が三位一体となって布を摑み、親指と人差し指が絞り目の粒を把む。そうしておいてから、右手の指が糸を繰りだし、粒の根元を巻き締める。

右手の動きはこうだ。小指は、繰りだす括り糸の倉庫の役を演じる。小指に巻かれた糸は、隣の薬指によって必要な分だけ繰りだされ、中指でぴんと張られて人差し指・親指に渡される。糸を渡された人差し指と親指は、その糸を粒の周囲をくるくると三〜四回まわしてくる。このとき、布を持つ左手の親指・人差し指と、糸を持つ右手の親指・人差し指は、粒を挟んで向き合うことになる。両手の共同作業で、一粒の絞りが完了するのだ。

あとは、永遠にこの工程をくり返していく。右手の中指に、紙製の指抜きがはめられていた。指抜きをはめないと、ぴんと張った絹糸が指の皮膚を破るからである。また、指抜きをはめた中指は、一粒絞るごとに掌《てのひら》を打っていた。その動きで、糸の長さが微妙に調節されるのだという。だから川本さんの手には、指にできる糸だこのほか、中指で打たれつづけた右掌のたこがある。

考えてもみよう。彼女は小学校に上がったその日から五四年間、絹布と絹糸を両手に、絞りの作業をくり返してきたのである。糸だこや指だこができないほうがおかしい。それに、右手も左手も、指先に力の入る仕事である。これまでに絞った粒は、ゆうに一〇〇〇万粒を超えるはずだが、これだけの回数を重ねた指先の力作業が、彼女の腕の筋肉をつくってきた。

彼女が腕相撲の強者である理由が、これでおわかりいただけただろう。力こぶは、彼女の勲章であった。

……………「絞り」に疲れたときは、「ほどき」に遊ぶ

庭先で、馬酔木《あせび》が小さな白花をつけている。草も木も、人の手が入った美しい庭であった。庭の草木は、川本さんが自分で丹精している。父が植木職人だったせいもあって、植物を相手にしているとき、彼女は気が休まる。亡くなった彼女の夫は左官職人だったが、彼もまた草木を愛する人であった。だからこの庭には、夫の思い出も込められている。

絞りの仕事に集中できるのは、一日六時間が限度。集中力が散漫になると、とたんに満足のいく仕事ができなくなる。肩が凝り、腕が張って、背筋に痛み

「牡丹」文様疋田総絞の長襦袢

が走る。そうすると、彼女は庭に出て、花を見る。

同居している息子夫婦と二人の孫が加わり、仕事中は静かだった川本一家が急ににぎやかになった。ご子息の康人さんと庸子さん夫妻は、母の仕事がいかに根を詰めるものであるかをよく知っているから、仕事のあいだは邪魔をしない。おばあちゃん子の孫たちも、川本さんが手から布と糸を放すとすぐに飛んで出てくる。彼女の陽気さが、ファミリーを明るく照らしているようであった。

花のほかに、彼女が熱中しているものがあった。それは、歌。大月みやこの「乱れ花」「白い海峡」がおはこという演歌好きの一方で、演歌の対極にありそうな「御詠歌」に熱中する。こちらは、なかば本職はだしだ。大和流御詠歌本部の大会で、何度も優勝した実績を誇る。

「えっ？　御詠歌ですか。なんでまた」といぶかる私に、彼女は一瞬のよどみもなく「御詠歌はおおらかでいい。絞りの仕事を毎日やっていると、絞ることの反対がしてみたくなるの」と応えた。絞ることの反対、つまり「ほどく」ことであろう。花を愛で、歌を好み、孫たちと遊ぶ。これもみんな、精神の「ほどき」につながっている。御詠歌のなかにおおらかさを見たのも、「永遠の絞り」を仕事にする彼女ならではのことだったかもしれない。

「ねんぶつの、みおしえたかき、ちょうふくじ、みだのおじひの、ふかきみちびき」

御詠歌の一節を、彼女は全部ひらがなで、疋田総絞の作品に仕上げた。この紫紺の作品は、額装されて京都の長福寺本堂にかかっている。

絞り職人の誇り

写真の「万寿袱紗《ふくさ》」は、一九三四年、川本さんの母・北井よねさんが二三歳で嫁いだ日、自分で絞った作品である。六七年前の、母の手になる鹿の子絞は、いまも色褪せることなく、川本さんの手でたいせつに保管されていた。七年前、川本さんは娘の結婚祝いに母と同じ「万寿」の文字を入れた袱紗を絞る。三代続く万寿絞りの伝承であった。

娘さんにはとびっきり豪華な長襦袢も絞った。長襦袢に豪華の形容はなじまないが、薄い水色の地に大きな牡丹の絞り文様を二五個も配した疋田絞の作品には、それ以外の形容が浮かばない。

姉の結婚祝いに贈った薄い黄色地の訪問着には、裾模様に小豆色の絞りを一面にひろげた。長襦袢の大きな牡丹文様にしても、訪問着の裾模様の広がりにしても、おおらかを好む川本さんの個性があらわれた作品と言えるだろう。どの作品にも、大作に挑みつづけた川本さんの気概がほとばしっている。

「結子」や「絞結師」と呼ばれるだけで、作者の名が作品に表示されることはほ

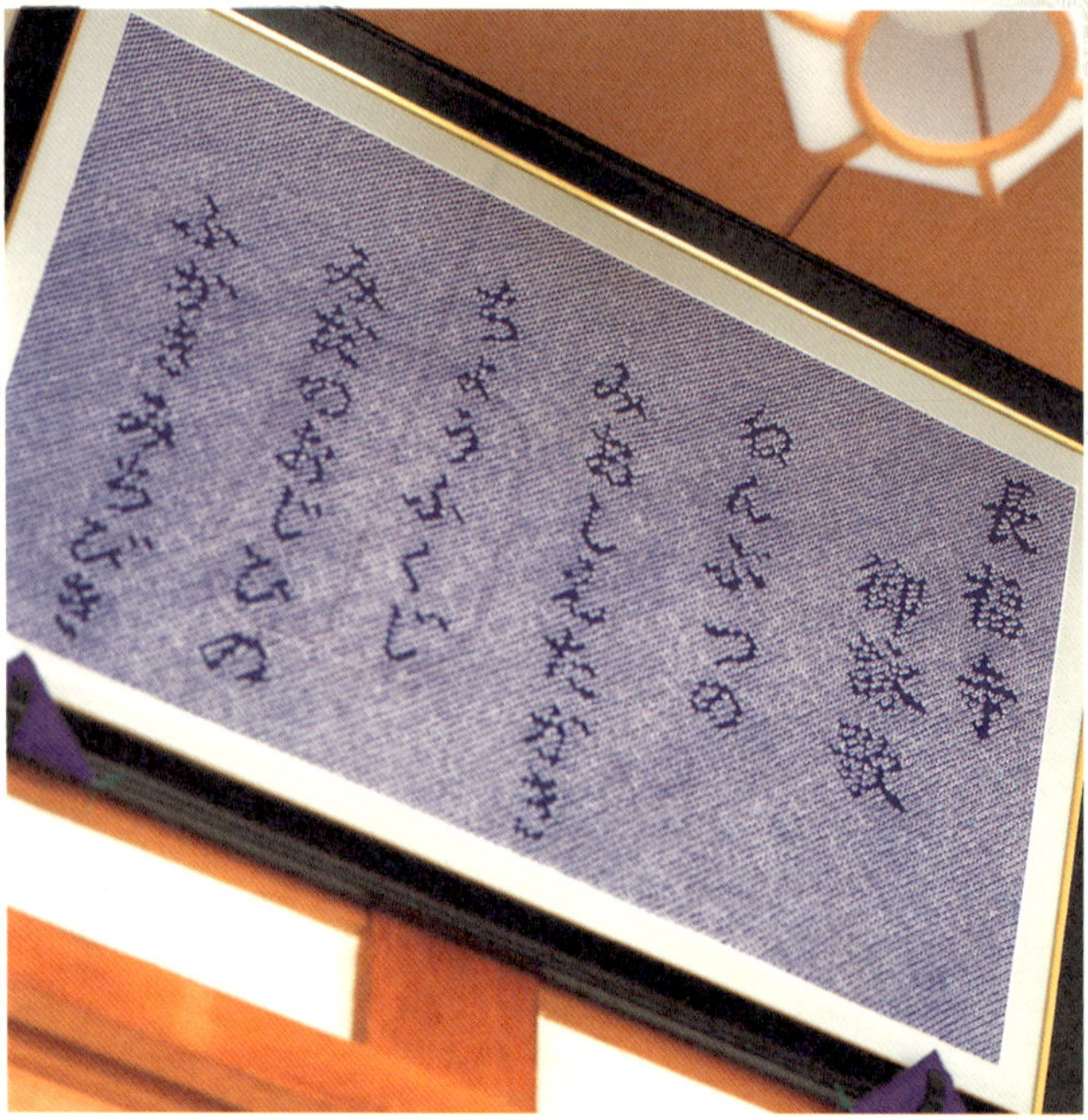

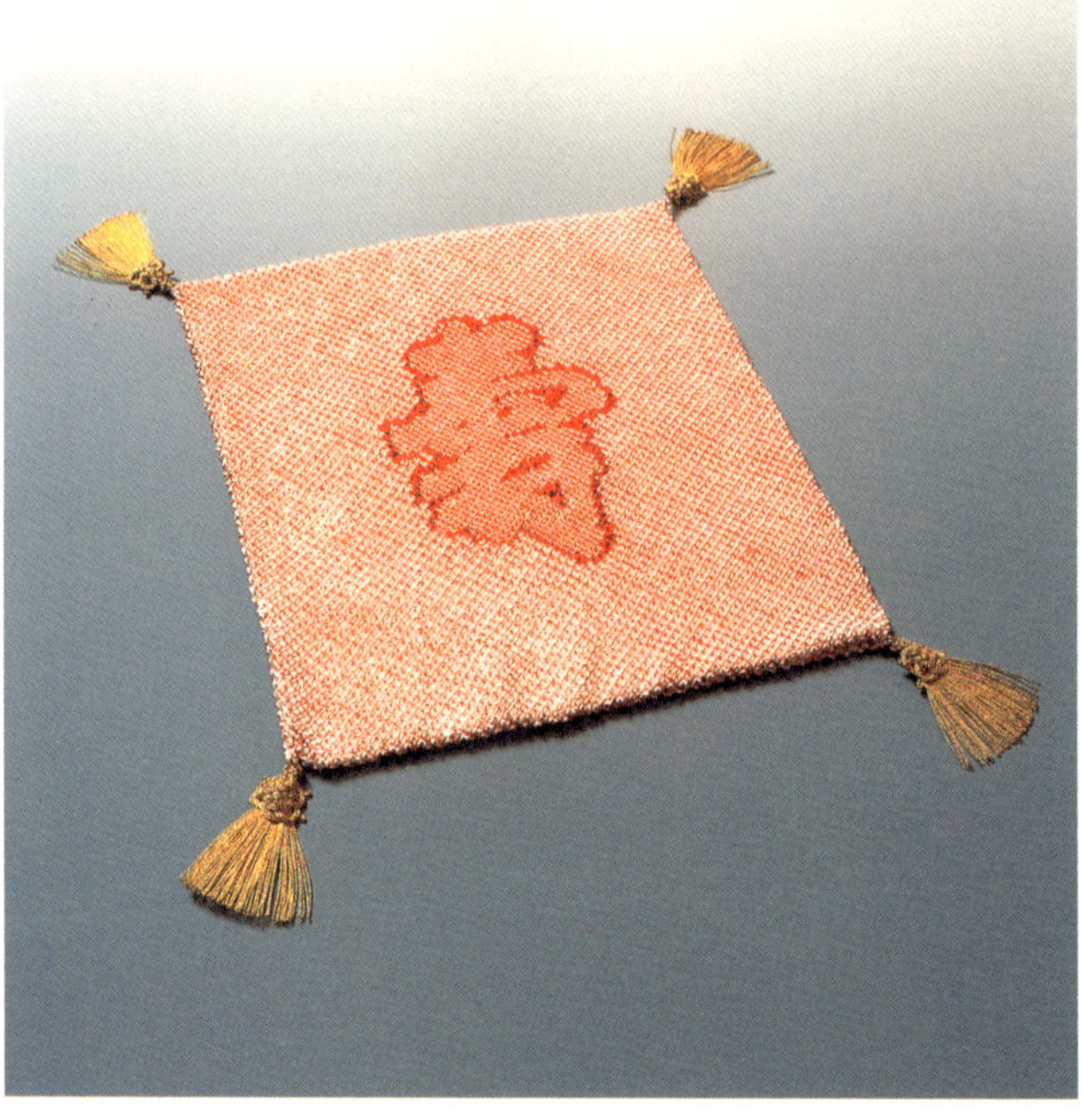

[上]御詠歌の一部を疋田総絞にした額
[下]「万寿袱紗」

とんどない。工芸品のなかには、焼物、蒔絵《まきえ》、友禅、指物《さしもの》、打ち刃物、硯等、作者の名前が冠せられるものが多いが、絞りの場合は名が表面に出ないのだ。いわば無名性が特徴になっている。川本さんは、この遠慮深い、あるいはつつましやかなところがいいと言う。職人の家に育ち、職人の家に嫁ぎ、自ら職人人生を歩みつづけた彼女の、匠としての美学がここにある。

その彼女が、「これは私のオリジナル」と言い放った作品がひとつあった。紫一色に染めあげた疋田絞の「家紋」である。丸に桔梗《ききょう》をかたどった家紋は、友人の新築祝いに贈った彼女のアイデア絞りである。

糸だこ、指だこをつくりながら絹糸で布をくくるだけの、単調と言えばこれ以上ないほど単調な絞り作業のなかから、川本さんは豊かな発想を生みだしていく。「絞り」と「ほどき」のあいだを往復しながら、これからも彼女は表に名の出ない結子の道を究めていく。

「京鹿の子絞」のさまざまな技法

文様のデザインが決まると、型紙（渋紙）に絞り目が描かれ、穴が開けられる。型紙を生地の上にのせ、穴の空いた部分に青花液《あおばなえき》をつけて絞り目を生地に写す。

絞り目が写された生地は「結子」または「絞結師」と呼ばれる絞り職人の手に渡される。ここからが、着物の風合いを決める「絞結加工」の段階である。青花液で薄く書かれた粒状の絞り目を、一粒一粒絹糸で三〜四回ずつ巻きあげて絞っていく。本文にあるように、気の遠くなるような果てしのない作業である。すべての粒が絞られた生地は、一尺一寸の幅が四寸程度に縮む。

縮んだ生地は、絞り職人の果てしない作業が結実したものだ。したがってこの生地には職人の手垢がついている。生地は、染めの工程に入る前に、漂白して手垢を落とし、合わせて青花液の線も洗い落とす。

つぎに、染色である。粒の根元をくくった糸の部分だけが、染まらずに残る。染色した生地は、乾燥してから括り糸をほどき、「湯のし（蒸気を当てる）」の工程にまわる。糸をほどいただけでは、縮んだ生地はもとに戻らない。そこで湯のしによって生地を伸ばすのだ。

染め分けの技法としては「疋田絞」が代表的だが、ほかに「桶絞」「帽子絞」など特殊な技法もある。桶絞は、防染部分を木桶の中に入れ、染める部分を外側に出して染める。帽子絞は、防染部分を竹の皮（最近はビニール）で覆う染め方だ。

こうしたさまざまな技法を見ていくと、染めの技術は防染との闘いであったことがよく伝わってきておもしろい。

奔放なイメージを展開する「間」の物語

京繍❖下司喜三子 ―げしきみこ―

「秋の一日」帯

色糸を手縫いで刺繍し、
立体感あふれる美しい文様をつくりだす「京縫」。
下司喜三子さんは「刺繍針にいのちをもたせ、
自由な文様の世界に遊んでもらう」のだという。
針を運ぶ独特の「間」が、その作品に
彼女ならではの華麗なふくよかさをかもしだしている。

古田くん談義から

「好きなことは?」と問うと、歯切れの良い言葉が踊るように返ってきた。

「野球が好き。ヤクルトの古田くんが好き。打席に立つ古田くんより、マスクをかぶった守備の古田くんが好き。マスクの中から相手打者の動きをじっと見る目、ピッチャーに合図を送る目、一塁走者を牽制する目、みんな好き。盗塁をセカンドで刺すときの古田くんはもう最高!」

「古田くん」と呼ぶとき、彼女の顔は追っかけファンのそれになる。

下司喜三子さん、六三歳。日本の伝統工芸品「京繍」を代表する女性伝統工芸士である。下司さんへのインタビューは、こうして古田くん談義から始まった。

彼女の語り口には心地よいメリハリがあった。言葉をひとつひとつ確かめるように、区切りをいれて語る。私はそこに不思議な「間」があることに気がついていた。歯切れ良くとびだしてくる言葉、微妙な間をもたせて語られる言葉。それが聞く者の耳に快く響く。

その魅力がどこからくるものなのか。彼女への長いインタビューを終えたとき、私はそのわけを知った。種明かしはあとまわしにして、物語をはじめよう。下司さんの京繍は、不思議な「間」の物語でもある。

「こわーい父」を師匠にもって

京繍と書いて、「きょうぬい」と読む。刺繍の繍だから「きょうしゅう」と読む人が多いが、平安時代からの伝統を誇る京繍は、きょうぬいと呼ばなければいけない。「繍」はこの一字で、五色の糸で彩る縫取《ぬいと》りを意味している。着物に美しい文様をほどこす技法には、「染め」と「織り」と、そしてこの「縫取り（刺繍）」がある。訪問着や振り袖、帯地などを彩る京繍の華麗さ、淡麗さは、染めや織りにはない味わいを見せてくれる。

下司さんは、京繍司・福田喜三郎《ふくだきさぶろう》の次女として京都中京区に生まれた。京繍司の「司」の由来は平安時代の縫部司《ぬいべし》に遡る。縫部司は、京の御所に納める着物全般を司る役職だった。時をへて、縫部司の役も呼称も歴史の襞に埋もれたが、誇り高い職人の世界に司の精神は生きつづけた。司は、文字どおり芸を司るべき存在であり、したがって司たる職人はつねに芸の高みに向かう精進を続けなければならない。精進を怠れば、司はたちどころにその地位を奪われることになる。

京繍司を名乗った下司さんの父は、その芸の高みのゆえに周囲から尊敬され、畏怖される存在だった。

「こわーい人でした。私は父のもとで一七年修業しましたが、一度もああしろこうしろと具体的な指導をされたことがありません。腕は自分で身につけるもの、人に教えられて身につくものではないということを、父は無言で私に伝えていたのでしょう。なにも言わない父が、いつもこわかった！」

一九五二年、下司さんは中学を卒業すると同時に「こわーい父」に師事し、京繍の道にはいる。はじめの二年間はほとんど下働きばかりで、繍いの仕事はさせてもらえなかった。来る日も来る日も、工房の人たちのための料理、洗濯、掃除、買い物、届け物、お使いなどに明け暮れた。

針と糸の仕事がしたくてたまらない日が続いたが、当然娘の気持ちを知っていたはずの父は、それを許さなかった。下司さんは工房にいるあいだじゅう、父や先輩職人の手技を黙って見ていただけである。

一五歳から一六歳。たいていの友だちが高校へ進み、花の青春前期を楽しんでいる時期であった。工房内の下働きに追われ、それが終わると先輩たちの技を見ているだけの毎日を送りながら、下司さんの心に迷いが生じなかったとは思えない。

「そんな毎日から逃げだしたいと思ったことは？」と、私はあえて聞いてみた。

しかし彼女は、私の予想を裏切って、きっぱりと首を振った。

「しんどい毎日だったけれど、父のもとを離れる気はありませんでした。父の生き方に共感していたから」

刺繍台に生地を固定し、一針一針縫う

「えっ？　一五、六歳でお父さんの生き方に共感？」

意地悪な質問だったかもしれない。下司さんからこたえが返ってくるまで、しばらくの間があった。

「ええ、そのころからはっきり共感していましたね。名人とは、父のような人のことを言うのだと思います。兄も私も、そして私の夫も、まだ父の域には達していない。私はいま、はっきりとそう言いたい」

下司さんの兄、福田喜重《ふくだきじゅう》さんは平成九年に京繍の重要無形文化財すなわち人間国宝に指定された人である。また夫の下司和章《かずあき》さんも、喜三郎さんの直弟子として修業を積んだ金彩加工の名人だ。片や人間国宝に登りつめた兄、片や長年二人三脚で京繍の仕事を続けてきた夫である。この二人をもってしても、まだ父の域に達していないと、下司さんは言いきる。勇気ある発言といっていい。この言葉を聞いて、私は彼女の心に生きる父の姿の大きさをあらためて知らされた気がした。京繍司・喜三郎さんが逝ったのは一九九〇年、父を支えた母はその二年後になくなった。

……………変幻自在な美の世界

さて、私は下司さんの語り口に不思議な「間」があると書いた。この間こそが、千年の歴史を超えて受け継がれてきた京繍の技術の粋である。

刺繍は、針で絵を描く仕事である。工房に座り、針に糸を通すとき、下司さんの心はいつもふるえる。これから描こうとする絵のイメージが一瞬のうちに眼前にひろがり、期待と不安、夢とうつつのあいだで、彼女は揺れる。この道四七年、何十何百の繍いを手がけてきた彼女が、いまもなお新作に向かうときに覚える「ときめき」なのだ。

「桜」「誰《た》が袖《そで》」「色紙《しきし》散《ち》らし」「糸の潮騒」「市松取桜《いちまつとりざくら》」「横段桜《おうだんざくら》」「閑《しず》かなる」等々、下司さんは数えきれぬ作品を世に送りだしてきた。すべての作品が、下司さんのイメージの結晶である。下地塗りのほどこされた絹の着尺に針を刺すとき、イメージは一気にふくれあがる。ふくれあがったイメージは奔流のように流れだし、一時は収拾がつかないほどに下司さんの胸中で暴れまわる。イメージの奔流を針が追いかける。

「おっとっと、あなたはどこに行きたいの？」と下司さんは自分の針に声をかけ、指の動きを止める。

「いっつも、こんな感じなの」と言って、下司さんは笑った。

「絵は生きもの。だからときどき針を止めないと、どこまでも一人で走って行ってしまう。イメージがふくらむのはいいけれど、走りすぎてはだめ」

京繍は、大きなキャンバスに描く画家の絵とはちがう。毎日生活している人

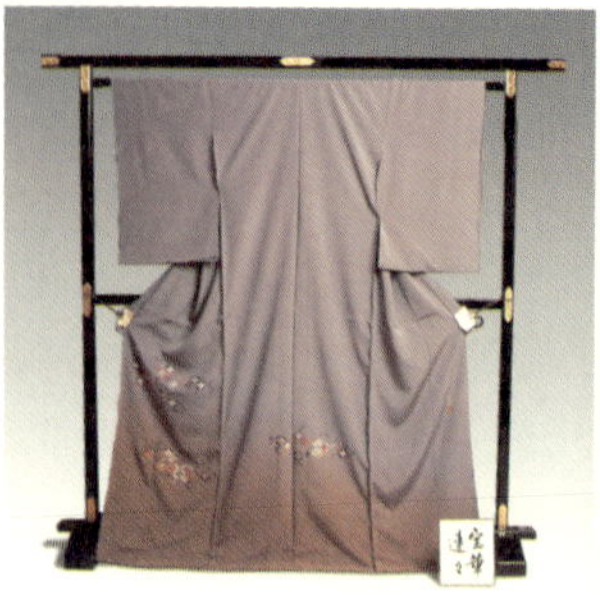

［上］「宝華連々」色留袖
［下］「竜田川文様」訪問着

［上］「宝づくし」帯
［下］「七色鱗文様」帯

間が着る着物の模様なのである。だから、生活感から逸脱した絵は京繍の芸になじまない。また、日常の生活にどっぷりひたりきった絵も、なじまない。人が生きていくうえで、多少とも晴れの気持ちをかきたててくれる絵でなければつまらない。イメージをたいせつにしながらその奔流に押し流されず、それでいて人の心を「晴れ」に導くような絵であってほしい。それが、下司さんの願いだ。

七色の糸が奏でる「幸福の形」

「宝華連々《ほうげれんれん》」は、下司さんの生き方を象徴するような作品である。彼女はこの作品で、幸福を追求した。

渋いグレーの地色で染められた着尺に七色の輪が連なっている。

「七宝つなぎです。小さな幸せが連なって、大きな幸せになる。その願いをこめて繍いあげました」

七宝がなにをさすかは諸説あり、一説に金、銀、珊瑚、瑠璃《るり》、玻璃《はり》、硨磲《しゃこ》、瑪瑙《めのう》の七つというが、下司さんの七つの宝は金銀、珊瑚にあらず、人それぞれに願う七つの幸せを意味している。そのひとつひとつを輪で表現し、輪ダスキのアートを描きだした。基調の色は紫と茶。それに朱と白とグレーなどをちりばめる。七色の糸が、一針ごとに「幸福の形」を縫い込めていく。

「繍い目は計算しつくされたものなんでしょう?」と、私はたずねた。幸せを縫い合わせる――このモチーフが下司さんの心に浮かんでから数か月、この間彼女はぞんぶんにイメージをふくらませ、仕上がりの絵柄を完璧につくりあげてきたはずである。針は、その完璧な絵柄に合わせて刺されていくのだろう。十分に計算されたものであることは自明のはずであった。ところが、彼女は「いいえ、とってもファジーなの」と言う。

下司さんはとうとう「間」について語りだした。

「私はファジーが好き。あまりきちんと決まってしまっているものより、遊びのあるほうが好き。京繍の針も、決められた線の上だけを進まされるのではかわいそう。自分の道を歩くのよ。幅がなくてはだめ。父の仕事を見てわかったの。針は、〈間〉を求めて進んでいくんだって。刺繍に必要なのは立体感。その立体感は、たくさん針を刺して糸をかさねれば出てくるというものではないの。針が、ある間隔を置いて糸を運ぶときに初めて出てくるものなの。とっても微妙な間が要求される。父は、間のとり方がすばらしかったのね。人生にも、間って大事でしょ?」

下司さんは、私に同意を求めるかのように言った。好きな「古田くん」を語ったときと同じ目をしている。話のリズムがはずんだ。

「絹地に針をくぐらせるときの〈間〉が刺繡の絵を生かすの。絵が生きてるなあと思えるときは、必ず間のとり方がうまくいってるのね。京繡も間、人生も間がたいせつ。私はこれからも、そう思って自分の道を歩いていくつもり」

四八年という歳月、夫と二人三脚で同じ京繡の道を切り拓いてきた下司喜三子さん。父喜三郎の名を受け継ぐ喜三子さんは、ご自身で意識されぬまま「人生の間」を求めて針を刺しつづけてきたのではなかったか。その長い営みが、彼女の語り口に、えもいわれぬ不思議な「間」を感じさせるようになったのだと、私は理解した。

「織り」の常識を超える作品に挑戦

西陣織・爪掻き本綴織❖小玉紫泉——こだま しせん——

名品「月影《げつえい》」

❖

西陣織の伝統のなかでも爪掻き本綴織という、もっとも高度な技術に挑戦しつづける小玉紫泉さん。文様部分の緯糸を自分の爪で掻き締める。糸が滑らないよう、爪の先をヤスリでぎざぎざにしておく織り方だ。その一徹な努力から、名作「月影」は誕生した。

……………リヨンの丘に立ち、爽やかな風と遊ぶ

リヨンの空は突き抜けるような青に染まっていた。山なみから吹いてくる風が、いたずらっ子のように紫泉さんの頬で遊ぶ。

小高い丘には緑の草原が広がり、草も木も、爽やかな風に身をまかせてそれぞれの生命《いのち》を楽しんでいるようだった。

なんという穏やかさ、なんという優しさ――。紫泉さんは思わず「うーん」と声をだし、精一杯の伸びをした。両手をひろげ、ひとつ大きく深呼吸してみる。長いあいだ忘れていた解放感が甦ってきた。

小玉紫泉さん、四七歳。西陣・爪掻き本綴織の伝統工芸士である。一九九八年、彼女は西陣の代表としてここフランスのリヨン市へ研修視察に来ていた。丘の上で解放感にひたることができたのは、その研修旅行が彼女にとって忘れられない感動を得る旅となったせいであろう。

リヨンの風を全身で受けとめながら、紫泉さんは脳裏に焼き付いて離れない感動の光景を思い返した。それは、研修の仲間たちと離れて一人訪ねた小さな機屋さんで見た光景である。彼女はそこで、一八世紀の織機に出合った。もちろん木製の、木肌の色をとどめぬほどに変色した織機が二階の小部屋に置かれていた。彼女はその織機を見た瞬間、全身が粟立つような興奮を覚えた。この

機で、これまで何百人いや何千人の職人が織りつづけてきたことか。そしてこの機を、何万本いや何億本の絹糸が経て緯《たよ》こに通ってきたことか。そう思ったとき、紫泉さんの目からとどめようもない涙があふれた。涙の向こうに、一世紀以上前の職人たちがこの機に座って手織りしている姿が見えてくる。

一三〇年前の機に出合った感動

その機屋の主人が、この機は一三〇年前に日本人の職人も使っていたと教えてくれた。

リヨンはもともと、京の西陣とは深い縁で結ばれている歴史と伝統の町だ。日本の織物業は、経糸の操作を自動化したジャガードの導入で革命的な発展をとげるが、そのジャガードは一八七二年(明治五年)、西陣から派遣された三人の日本人職人の手によって、このリヨンから運ばれたものなのである。紫泉さんはフランス人の機屋主人が語ってくれた話に、自分の耳を疑った。明治の初めにリヨンへ来た、あの伝説の三人がこの機で織ったというのだろうか。一三〇年前というのが本当なら、時代はぴったり合っている。紫泉さんは偶然に立ち寄った機屋に、遠い昔の先達たちが引き寄せてくれたとしか思えない不思議な縁を感じた。一三〇年の時の流れを超えて、西陣の匠の先達に出合ったのである。

彼女はこの年、作品「リヨンの風」を織りあげる。この作品は同年の西陣織大会で大会特別賞を受賞した。リヨンの町が誇るノートルダム寺院と京の西陣会館をデザインし、周囲をアッと言わせた作品であった。

紫泉さんの作品はいずれも斬新なデザインがめだつ。一九八七年、西陣織本綴秀作発表会で初受賞した「桐紋」は、従来の西陣の柄にはない風合いをもっていた。評者の一人が「これは西陣の柄ではない」と言った話が残っている。

翌八八年に発表した「サンセット」は、雄大な落日を立体感豊かに織りあげ、京都新聞社賞を受賞、同年の「春日野」は京都と並ぶもうひとつの古都奈良のイメージを織って西陣織物工業組合の理事長賞を受賞した。

なぜ、紫泉さんのデザインがつねに大胆かつ奔放なのか。そのわけを探る前に、もうひとつだけ彼女の個性がいかんなく発揮されている作品をご紹介しておきたい。

作品名は「月影《げつえい》」――。

「織り」の常識を超えた作品

紫泉さんの工房で「月影」を見た瞬間、私は思わずおーっと声をあげた。

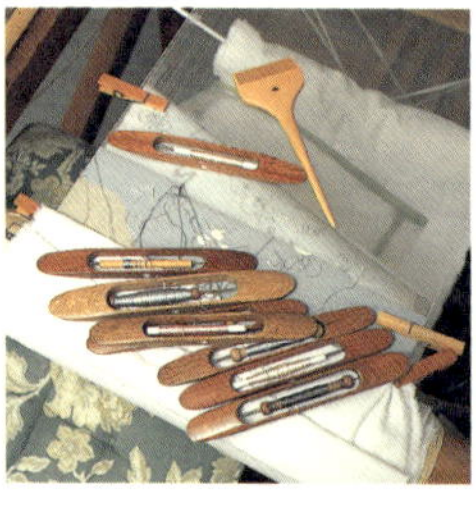

［右］多彩な絹糸
［左］緯糸を通す杼

帯に、丸い窓が開いている。深い濃紺の地色が広がるなかに、ポカッと格子模様の丸窓が浮かんでいる。窓の向こうに、鮮やかな月。上弦の三日月が優しい光を送ってくる。地色の上に数条の金糸が流れ、実に美しい月影の情感をかもしだす。見る者を別世界へと引き込んでいくような、世俗の汚れをその一瞬忘れさせるような、不思議な魅力をもつ作品である。

さきに挙げた「サンセット」で、紫泉さんは真っ赤に燃える太陽が沈んでいくときの力強い情景を肉太のタッチで描ききった。雄大な落日のエネルギーを帯に託して織りあげたのである。対して「月影」は、打って変わったまったく別の表情を私たちに見せてくれる。

丸い格子窓に透けて見える月は、細身の三日月であるがゆえに美しい。巨大なパワーを誇示する落日が人生の「元気」を伝えてくれるとすれば、楚々とした月光は人生のたゆたい、穏やかな来し方行く末を暗示してくれる。この二つの作品が、同じ作者の手になるものだということが私には驚きであった。

ちなみにこの「月影」は、本綴織秀作発表会でグランプリを獲得、あわせて技術賞も受賞した。評価されたのは丸窓部分の織りの技術である。少しだけ専門的になるが、この技術を語らずして紫泉さんの作品を説明することはできない。

ポカッとあいたように見える丸窓の部分には緯糸《よこいと》が織られていない。経糸だけが、細かいすだれ状に通っているだけだ。当然、緯糸を一本も通さずにどうやって糸の交点を締めるのかという疑問がわくだろう。すべての織物は、経糸と緯糸が無数に交差することによって織りあげられてゆく。それなのに三日月を透かして見せる丸窓は経糸だけで織られているのだ。縦と横の交差なくして、紫泉さんがどうやって丸窓の縁どりをしたのか。専門家の関心はその点に集中した。

秘密は、紫泉さんの心の中にしまわれている。彼女は、この作品で、織りの常識を打ち破ったのである。

……………好きな画家はゴッホ、彼の黄色がいい

爪掻き本綴織は、図案部分の緯糸を爪で締める技法である。絵柄に合わせた何色もの糸をくり返しくり返し小さな杼《ひ》で通し、それを自分の爪で一本一本締めていく。糸がしっかり締まるように、爪にはヤスリで切れ込みを入れる。綴織職人の爪がギザギザになっているのをご覧になった読者もいらっしゃるだろう。それはことさらなおしゃれなのではなく、彼らの職業上の要請なのである。

通常、三・三センチ四方のなかに、経糸は四〇本通っている。それに対して緯糸は一五〇本通る。綴織職人は、これだけの緯糸を杼《ひ》で通し、そのたびに爪で掻き締めていく。柄物の綴帯を織るのは気が遠くなるほど手間がかかる仕事

なのだ。
紫泉さんは、この手間のかかる仕事を通じて技を磨き、とうとう余人に真似のできない芸を編みだしたというべきだろう。彼女は一九五二年大阪に生まれ、九歳より西宮で育った。戦後の日本経済が大復興を遂げはじめた年の、いわば後期団塊の世代である。

恵まれた家庭で両親と兄妹四人、平和な少女期を過ごした。幼稚園のころ、将来なりたいと思った職業は先生か画家、小学校のころは漫画家志望、中学ではデザイナーか発明家、高校では秘書になろうとして速記を学んだ。ここまでは、よくある話だ。彼女もまた普通の少女期の夢の遍歴を辿っている。普通とちがうのは、小・中・高を通じてつねに成績が学年トップクラスだったということ、そして絵が抜群にうまかったということだ。好きな画家はゴッホ。ゴッホの使う鮮やかな黄色と、くすんだモスグリーンが大好きである。

つねにトップの成績を守るというのは、なまなかなことではない。よほど負けず嫌いでなくてはかなわぬことである。

この負けず嫌いが今日の紫泉さんをつくってきた。彼女が伝統工芸士として数々の受賞に輝き、人をアッといわせる作品を生みつづけたエネルギーはそこから出たものだと、私は思う。

彼女が西陣に入ったのは一九八〇年、結婚五年目の年であった。この年、夫

［右］古城を背景に入れた「リヨンの風」
［左］大胆な構図で織り上げた「サンセット」

の母のすすめで綴織の会社に勤めることとなり、この会社で綴の第一歩を踏みだす。

一年間は無地専門の織りばかりを修業させられた。無地織りといっても、初心者には一日かかって一センチ織るのが精一杯。先輩たちは彼女の数十倍のスピードで織っている。紫泉さんは「私以外の全員が天才に見えた！」と当時を振り返る。しかしこのとき、彼女の天性の「負けない精神」が異常なまでの力を発揮した。数日を経ぬまに彼女は一日一五センチを織るようになり、まもなく「天才たち」と肩を並べるまでに腕を上げる。一年後には柄物を手がけた。綴の技への本格的挑戦である。しかしそれもつかのま、その半年後、夫の母が健康を損ない、通勤ができなくなった。

夫と二人の子どもたちをかかえる多忙な家事に、義母の世話が加わり、紫泉さんは自分の時間のもてない日々を過ごすが、それでも綴織を断念しようと思ったことは一度もない。

一九八二年、彼女は自宅を工房にして織機を買い、会社勤めではできなかった自分のオリジナルを制作していく。翌年西陣織工業組合に加入、その四年後にはさきに挙げた「桐紋」を発表した。

……………「一〇〇%オリジナル」にこだわって

紫泉さんのデザインが奔放にして斬新なことは前に述べた。彼女はいつも一〇〇%オリジナルをめざしている。少女期の彼女の夢のひとつに「発明家」があったことを読者は覚えておられるだろう。発明がほんの少しの真似も許さないことは自明である。一〇〇%オリジナルの精神は、彼女の発明願望が姿を変えてあらわれたものであった。

ひとつ、中学時代の彼女のエピソードをお届けしよう。ゴムひもで作った自動ドアを想像していただきたい。彼女は教室の引き戸をゴムひもで自動化しようと考えた。ある日、授業が始まる直前に教師の入ってくる引き戸に持参のゴムひもを仕掛け、戸が自動で開くように工夫しておいた。廊下をコツコツやってくる先生の足音。生徒全員が紫泉さんの発明の成果をかたずをのんで見守っていた。足音が止まり、ガラッと戸が開く。

その瞬間「痛い!」と先生が大きな声をあげた。いっぱいに伸びていたゴムひもが、みごとに教師の顔を直撃したからたまらない。先生は顔面を紅潮させ、

「誰だー!　こんないたずらしたやつは!」

先生を喜ばせようとした発明がまったく逆の結果となり、紫泉さんは「ごめんなさい」と名乗り出た。驚いたのは教師だった。犯人はいたずらの常連だと

思ったところ、学年トップの優等生、生徒会活動にも積極的な紫泉さんが名乗り出たのだから。

とまれ紫泉さんの発明思考は、いまでも彼女のデザインに生かされ、技に生かされ、伝統の常識を突き抜ける活力になっている。リヨンの丘に立ち、さわやかな風を頬に受けながら「人生のたゆたい」を実感した紫泉さんが、これからどんな新しい挑戦をしていくのか、興味がつきない。

博多織❖伴《ばん》和子《かずこ》

どこまでも深いブルー、そして茜色に燃える海

「さざなみ織」のストール

❖

七〇〇年におよぶ伝統をほこる博多織。
その伝統を生かしつつ、伴さんは「すくい織」や「さざなみ織」など、
自由な発想にもとづくオリジナル作品を織る。
日本伝統工芸士会・女性部会の会長を務め、
「女性伝統工芸士展」の成功に尽力。
匠という自己主張の強い表現者たちをまとめあげた
彼女の寛容な精神は、その作品にもあらわれている。

海と落日のイメージを追って

妖精たちが集まって「きゃっきゃ」と楽しそうに話している。

「世界でいちばん美しいものはなに?」

「そりゃ、お日様が昇るときよ。東の山が一面の紫に染まって、真紅の太陽がどっかーんとお顔をだすの」

「ふーん、どっかーんか。それもいいけど私は夕焼けだな。西の海にお日様がどっすーんと沈むの。そのとき、世界中が茜色に燃えるわ」

「私もそれ。どっすーんがいい」

「私はどっかーんがいい」

妖精たちの主張は二対二に分かれたまま、にぎやかな会話は際限がない。さて、読者の皆さまは、どっち派? どっかーんと顔をだす朝日か、どっすーんと沈む夕日か。昇日の美も落日の美も、いずれがあやめ、かきつばたのたぐいで、なかなか究極の選択はできそうもない。たとえて言えば、生命と宇宙とどっちが不思議かと聞かれて、うーんと考えこんでしまうようなものだろう。かしこい妖精たちも、結局答えをだせぬまま、いつのまにか深い眠りに落ちていったようだった。

冒頭にこんな話を書いたのは、博多織の伝統工芸士・伴和子さんに「海と落日」のイメージがあるからだ。子どものころ、海から昇る太陽の絵を描いた記憶はたいていの大人たちにあると思う。画用紙のまんなかに水平線を描き、海の彼方に半分姿をあらわした朝日をだいだい色に塗り、太陽から全方位へまっすぐ光の放射線を引く、あの絵である。画面の下半分は、朝日の反射する海面を、無数の横線で表現したものだった。簡単といえば簡単、類型的といえば類型的なこの絵は、小学生の図画の時間にもっともよく描かれた「ひとつの形」であった。

だが、この「ひとつの形」は、それがいかに類型的なものであったにせよ、子どもたちの心に一直線のイメージの広がりをもたせてくれたものであった。

この絵のもつ一直線の夢は、いつか消えていく。年齢をかさね、人生を育んでいくほどに、大人たちは一直線の輝きよりもっと複線化したイメージを求めるようになるのかもしれない。そして、夕日あるいは夕焼けに「どっすん」とした重量感あふれる美を覚えるのである。妖精たちは、年齢不詳の愛すべき存在であるから、昇日も落日も同時にいとおしむ心をもちあわせているのだろう。

と、ここまで書いてきて私はハッと、あることに気がついた。伴さんの華やいだ声、ちょっとおきゃんでソフトな語り口、いつも遠くを見ているような目。伴さんこそ、年齢不詳な愛すべき女性なのかもしれなかった。たとえばここに、茜色に染められた「さざなみ織」のストールがある。さざなみ織は伴さんのオリジナル技法で、織りだけでやわらかい皺《しぼ》をだす名品だが、そのストールを手に、染めと織りの技法を懸命に説明し、「茜色の海」のイメージを語る伴さんの表情は、まさに少女のそれであった。これが、五〇年近い歳月、織物一筋に歩いてこられた博多織伝統工芸士の素顔なのである。

青春の追憶を作品に織り込む

「目を閉じると、いつも海が見えるの」という伴さんの作品には、海にちなんだ意匠が多い。「海の佳人の古譚曲」もそのひとつだ。渋めのブルー地は大海原。その海の底にすむ大小の巻き貝をつつましやかに織りあげている。この作品を制作するにあたって伴さんは沖縄の海を見たいと思いたち、二度訪ねた。沖縄が復帰する前の、まだパスポートが必要だったころのことである。

「たくさんの日本兵が命を落とした〈まぶにの丘〉の海を、私は忘れません。どこまでも純粋に澄んだブルー、どこまでも深いブルー。その深いブルーの底に戦死した兄がいるような気がしたの」

伴さんのお兄さんは零戦にのってグアムの海に散った。沖縄の海の深い色を見て、伴さんは兄が戦死したグアムの海を連想したのだ。「目を閉じると見えてくる海」は、ひとつにはこの兄が亡くなった海への追想であり、そしてもうひ

[右]草木染の糸
[左]緯糸を通す杼

［下］懐紙ばさみ等の小物にも
博多織は生きる

とつは、彼女が女学校までを過ごした千葉、房総の海への郷愁である。

「遠い海のレゲンデ」と「樹々の夜想曲」も海をモチーフにして織られた作品だ。いずれも、海の深い青さをいかに表現するかということに伴さんは数か月をかける。この二つの作品にも、巻き貝があしらわれていた。

「どうしても貝を織りたくなるの。私にとって海といったら貝なのね。きっと生まれたときから数えきれないくらい潮干狩りをしたからだと思う」

伴さんの生まれた千葉は、遠浅の海に面していた。いまは埋めたてられて幕張という大きな町ができ、総武線も内陸を走るようになったが、埋めたて前は水着で海まで行けるほどのところに伴さんの家があった。潮干狩りに興じたあとはきまって、遠浅の海を沖へ沖へと泳いだものだという。この内房総の海の町で、伴さんは共立女学校（いまの共立女子大）時代まで過ごした。海と貝は、いわば伴さんの青春の追憶そのものなのかもしれない。

……………もうひとつのモチーフ、それは「年輪」

伴さんを語るとき、海とともに忘れてはならないもうひとつのモチーフがある。「年輪」だ。「茜色のバラード」「樹の精のレゲンデ」「水色のワルツ」などの作品では、着物の模様に年輪を織り込んでいる。彼女の描く年輪は六角形の独特な形をしており、伴さんのオリジナルでありながら、献上博多（江戸時代、徳川幕府に帯地を献上したところからこの呼称がついた）の伝統的な幾何学模様を受け継いでいるように見える。

この独特な六角形の年輪が、着物の肩口や裾模様に丹念に織り込まれるのだ。着物の地色は、もちろん「深いブルーが好き、そして燃えるような茜色も好き」と言う伴さんの二つの色である。

伴さんはこの二つの色を草木染で通している。しかし原料になる桜、梅、椿などの皮を手に入れるのはそう簡単なことではない。だから原料の入手には努力を惜しまない。「茜色のバラード」の糸染めは、いつも梅や桜をわけてくれる佐賀の知人からの電話に始まった。「台風で桜が倒れた。来る？」「もちろん行く！」と即答して伴さんは佐賀へ飛んでいった。桜も梅も花が咲く前の、ちょうど蕾のふくらんできたときの樹皮がいちばんいい。だが、花の咲く寸前に枝を伐っていいと言ってくれる人は少ない。伴さんが草木染で苦労するのはその点である。

……………つまみ絵と水墨画で培われた技

伴さんが最初に織物を学んだのは一九五三年、小戸野《おどの》ユキ、西原五十吉《にしはらいそきち》両氏に

「茜色のバラード」

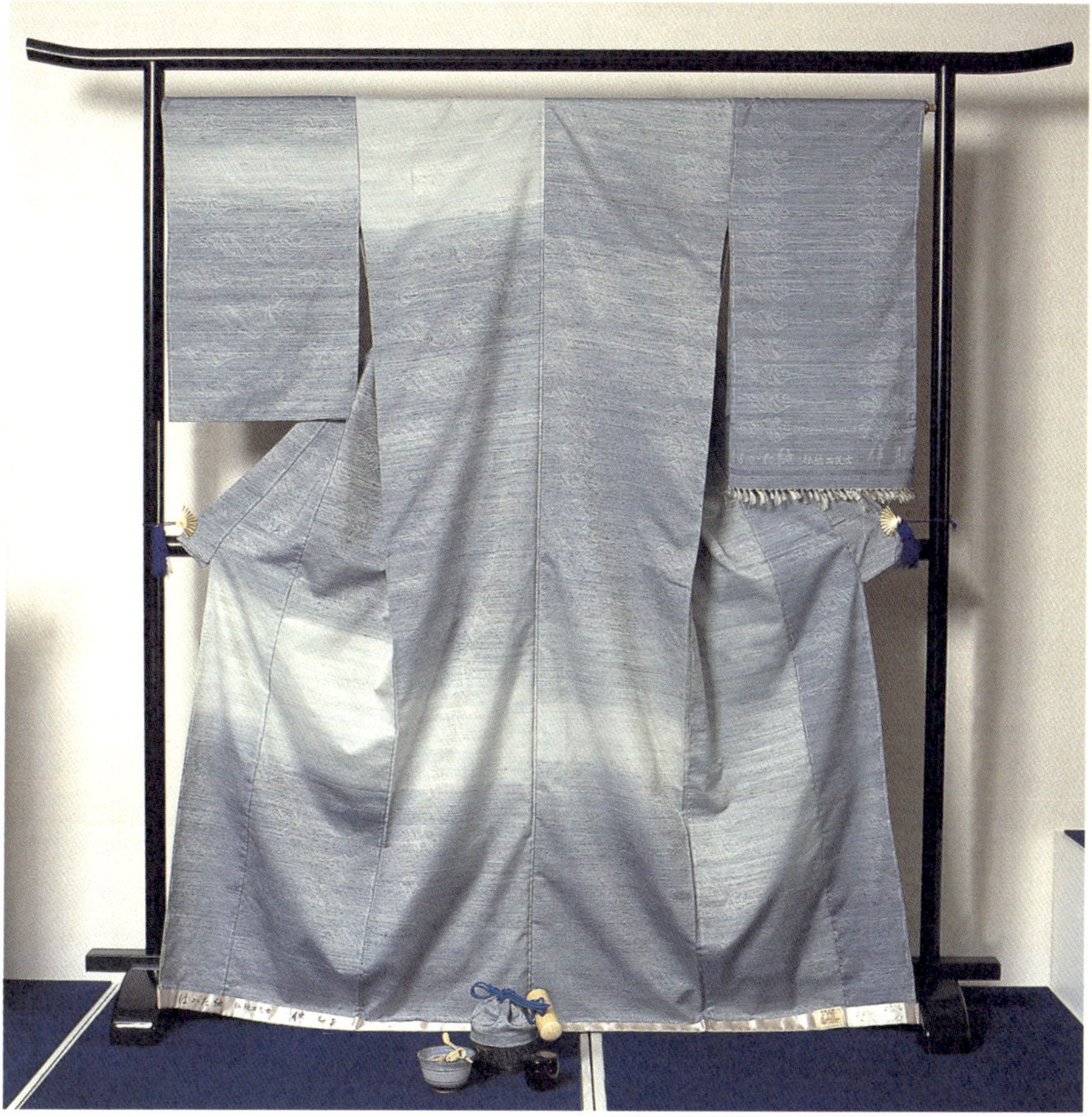

「海の佳人の古譚曲」

227 どこまでも深いブルー、そして茜色に燃える海

師事しての出発だった。その後、林宗平《はやしそうへい》という新しい師について「織り」と「染め」を学ぶことになるが、この間に三〇年という長い歳月が流れている。この三〇年のあいだに、彼女はつまみ絵と水墨画を修業した。師の名前は割愛するが、いずれも名のある師についての本格的な修業であった。つまみ絵は絹布をピンセットでつまみながら四角に折り、半立体の造形にして染色する伝統芸、水墨画は説明するまでもなく墨一色で万色を表現するモノクロームの芸である。この二つの異種の世界に入るとき、彼女は遠大な計画をもっていた。織物を真に自分のものにするために、デッサン力を身につける必要があると考えたのだ。デッサン力がなければ、いくら織物の技術を学んでも納得のいく創造はできない。

墨絵は多色の絵の具を使うことなく、墨一色であらゆる色を表現していく。そこから無限のイメージがひろがっていく。海のイメージも年輪のイメージも、伴さんが墨絵の世界で育んだものであった。

一九九三年、博多織伝統工芸士（通産大臣認定の国家資格）に認定され、三年後、「全国伝統的工芸品コンクール」で会長賞・優秀デザイン賞を受賞。受賞作品は、さきにご紹介した「海の佳人の古譚曲」であった。当時、日本を代表する伝統工芸の目利きであった北村哲郎審査委員長が「博多織にこんな人が登場した！」と驚嘆した話が残っている。

博多織といえば帯。それまで工芸展に出品される博多織は、ほとんど帯だけであったから、草木染の深い色に織りあげられた伴さんの着物は強烈な印象を与えたのだろう。

……………「すくい織」と「さざなみ織」への勇気ある挑戦

博多織の最大の特徴は、経糸《たていと》にある。髪の毛ほどに細い経糸を高密度に使用する。また、織物の模様は緯糸《よこいと》で表現するのが普通だが、博多織の帯は経糸で表現される。細い、高密度の経糸に、ふとい緯糸を打ち込むように織る。打ち込まれた緯糸は、横方向に走る畝としてしかあらわれない。それに対し、経糸は、地織の上に浮模様となってあらわれる。これが博多織の経畝織《たてうねおり》である。

細い経糸をたっぷり使い、太い緯糸をしっかり打ち込むことで、腰の強い緻密なテクスチャーが織りだされる。博多帯を締めるとき、キュッキュと絹鳴りの音がするのはそのためだ。数世紀にわたって伝えられてきた伝統技術がそこに生きている。

伴さんももちろん、この伝統技法で帯を織る。その一方で、新しい自分の世界の創造に挑戦する。

たとえば「すくい織」。この技法は、彼女の勇気ある挑戦から生みだされた。

手織りといっても通常は、緯糸だけを飛び杼《ひ》で手送りするもので、経糸はジャガードという機械の操作で織られている。ヨーロッパからジャガードが導入されて以来、日本の織物業はほとんどすべてこの機械に頼ってきた。しかし伴さんのすくい織は、ジャガード抜きで、経糸も手織りする技法である。

これが伴さんの挑戦のひとつ。あとのひとつが前述の「さざなみ織」である。さざなみ織は、右から入れる緯糸と左から入れる緯糸を加減することによって、独特な皺《しぼ》の風合いをだす。近年、伴さんがとりくんでいるストールにはさざなみ織の作品が多い。

伴和子さん七二歳。さきにご紹介した受賞のほかにも、いくつもの作品展で入選・受賞をかさねてきた。個展はもとより、彼女の作品が出品された美術展は数えきれない。また、二〇〇〇年五月「日本伝統工芸士会」に女性部会が誕生したのにともない、彼女は初代の部会長に就任した。同年開催された「第一回女性伝統工芸士展(一八人展)」が、伝統工芸の未来を拓こうとする女性の匠たちの旗揚げであったことは、第一部で見たとおりである。この旗揚げの成功の裏に、伴さんのゆったりとした指導力があったことは言うまでもない。

――世界でいちばん美しいものはなに？

「山一面を紫に染めて昇るお日様」

茶道具を入れる袋

「海一面を茜色に染めて沈むお日様」

いまも伴さんは妖精のような心をはずませて「いちばん美しいものはなに？」と問いつづける。

数百年の伝統を誇る博多織（現在、伝統工芸士五九人）にあって、伝統の技をたいせつにしながら独自の道を追求する、伴さんのしなやかな魅力に拍手を贈りたい。

あとがき

碁を打っていると、軽い乗りもの酔いのような気分になることがある。果てしなく遠くまで来てしまったような、あるいはまた、まったく未知の世界に足を踏み入れてしまったような、不思議な感覚である。打った石が、初めての地を一人で歩き出す。まるで石に意志があるかのように、頑固に私を無視して歩き出す。そういうときは頭も身体もふわりと宙に浮いた感じで、一気に酔いが回る。

宇宙流の異名をとる著名な棋士がいて、彼の個性的な打ち回しは多くの囲碁ファンを魅了しているが、これは縦横一九路ずつしかない碁盤を、無限の宇宙と見ているからこそ出来る「芸」であろう。この天才棋士の域に達すれば、打たれた石は生きものとなって、広大無辺の宇宙を自由に走るのかもしれない。

伝統工芸の匠たちを取材しながら、私はずっと「似ている」と思ってきた。

匠たちも、作品世界を自分なりの宇宙に見立てているのかもしれない。数世紀に渡って引き継がれてきた「伝統」の宇宙に身を浮かべ、そこに遊ぶ。下世話のしがらみを断ち切って創造に向かうとき、彼らもきっと果てしなく遠くまで来てしまった自分を感じているはずだ。周囲には見たことのない世界が広がる。これが、ものづくりの醍醐味、これが匠のアドベンチャーである。

ここ二〇年来、私はずいぶんたくさんの工芸の里を歩いてきた。いちばん多く見てきたのは焼きもの産地だったろうか。瀬戸の赤津焼、山口の萩焼、鹿児島の薩摩焼、沖縄の壺屋焼、栃木の益子焼、茨城の笠間焼、佐賀の伊万里・有田焼、熊本の小代焼《しょうだいやき》、大分の小鹿田焼など、行く先々で多くの匠にお会いした。お会いして思ったことは、みなさんがそれぞれの世界を持っておられるということだった。みんな「色つき」の世界。赤津の梅村晴峰さんは梅村色の、笠間の増淵浩二さんは増淵色の、薩摩の鮫島佐太郎さんは鮫島色の世界である。

それが、楽しかった。「管理社会」化してしまったビジネス社会ではめったに見られない陽気な顔があった。

本書にご登場願った一二人の女性工芸士たちも、一人残らず「色」つきの女である。それもかなり強烈なオリジナルカラー。匠の世界で「自分の作品」を主張してきた強い精神力が、自前の色を培ってきたのであろう。

本文でご紹介した「女性伝統工芸士展」は、女性の匠による「色」の競演であった。冒険をおそれず、伝統の枠にとらわれず、自分だけの宇宙を構築していく勇気には脱帽である。この女性たちのイベントは、伝統工芸に新しい未来を拓こうとする彼女たちの旗揚げであった。そこから吹いてくる爽風は、ともすれば閉鎖的になりがちな工芸の世界に新たな風穴を開けてくれるかもしれない。いや、ぜひともそうあって欲しいと思う。

本書をまとめるまでには、実に多くの方々のおせわになった。まず最初にお礼を言わなければばならないのは全国各地の匠の方々、そして伝産協会の方々である。とりわけ長時間の取材や撮影に応じていただいた方々には深くお礼を申し上げます。

「讃の会」代表の小暮元一郎さんには本企画の最初から全力投球でご尽力いただいた。「讃の会」は女性の匠の応援団として誕生した任意の集まりである。小暮さんはご夫人ともども匠の世界に深い愛情と理解を持っておられる方だ。応援団には伝産協会初代専務理事を務められた兼崎俊一さんと日本伝統工芸士会会長の梅村晴峰さんを顧問にお迎えしているが、これからこの会が小暮さんを中心に幅広い活動を展開してくれるよう願うばかりである。

梅村さんは匠たちの先頭に立って伝統工芸サークル全体を牽引する立場にいる方だが、超のつくご多忙のなか、本書に序文を寄せてくださった。ありがとうございました。

写真家の根岸聰一郎さんは、一二人の女性の匠全員の撮影をしてくださった。根岸さんとは私の勤務するダイヤモンド社で『日本の伝統工芸品産業全集』の撮影をお願いしたときからのつき合いとなるが、これまで一貫して匠の世界を撮り続けてきた情熱には頭が下がります。

本書第二部は、月刊誌『清流』に掲載された原稿をもとにしている。清流出版の加登屋陽一社長、藤木健太郎企画部長、担当してくださった吉川さゆりさん、長沼里香さん、おせわになりました。加登屋さんは、同じ出版の世界で三〇年来の交友をあたためた仲間である。スケールの大きな出版企画をいくつも成功させてきた「柔軟な強者」で、出版ジャーナリズムにおける彼の足跡には偉大なものがある。「ものづくり」の精神を愛する彼の柔らかな心が、匠たちを応援する企画につながった。記してお礼を言います。

さて最後になったが、工作舎の中上千里夫社長、編集担当の米澤敬さん、小林恭子さん、デザイナーの小泉まどかさん、良い本にしてくださってありがとうございました。ここに至るまでの熱い議論と、積極的なバックアップには深謝の一語です。心ある読書人から圧倒的な支持を得ている御社ならではの出版姿勢を感じました。
良質な本を出し続けることがきわめて困難な出版業界のなかで、工作舎はことし創立三〇周年を迎える。これは中上社長はじめ十川治江編集長、そして本書を編集してくださった米澤さん、小林さんたちの出版人としての矜持が支えた壮挙であろう。同社三〇周年の節目に本書が刊行されることを喜びとしたい。

二〇〇一年六月一六日

著者

❖著者紹介

佐藤徹郎〔さとう　てつろう〕

一九四一年、中国(満州)に生まれる。一九六三年、早稲田大学政治経済学部卒業。第一・二次産業のものづくりの原点を重視して出版活動を続ける。ダイヤモンド社勤務。同社刊『日本の伝統工芸品産業全集』を編集。

美の匠たち——女性伝統工芸士の世界

発行日——二〇〇一年七月三一日
著者——佐藤徹郎
序文——梅村晴峰
写真——根岸聰一郎
企画・プロデュース——小暮元一郎＋讃の会
編集——米澤敬＋小林恭子
エディトリアル・デザイン——小泉まどか
印刷・製本——文唱堂印刷株式会社
発行者——中上千里夫
発行——工作舎 editorial corporation for human becoming
〒150-0046 東京都渋谷区松濤2-21-3
phone: 03-3465-5251 fax: 03-3465-5254
URL http://www.kousakusha.co.jp
e-mail saturn@kousakusha.co.jp
ISBN4-87502-353-7